inglés fácil para la E.S.O.

ESPASA

inglés fácil para la E.S.O.

KENNETH MOONEY - YOLANDA SALINAS

ESPASA

Director editorial: Juan Ignacio Alonso Campos
Directora de colección: Nuria Esteban Sánchez
Editor: Iñaki Diez de Ulzurrun
Realización de textos: Kenneth Mooney y Yolanda Salinas
Diseño de cubierta: Joaquín Gallego

Primera edición: junio, 2001

Depósito legal: M. 18.366-2001
I.S.B.N.: 84-239-2466-1

Espasa, en su deseo de mejorar sus publicaciones, agradecerá cualquier sugerencia que los lectores hagan al departamento editorial por correo electrónico: sugerencias@espasa.es

Impreso en España/Printed in Spain
Impresión: UNIGRAF, S. L.

Editorial Espasa Calpe, S. A.
Carretera de Irún, km 12,200. 28049 Madrid

ÍNDICE

LOS ARTÍCULOS Y LOS DEMOSTRATIVOS

- ☞ **INDETERMINADO:** a, an
  ☞ **DETERMINADO:** the
- ☞ **DEMOSTRATIVOS:** this, these, that, those

ARTÍCULOS INDETERMINADOS: A, AN

☞ «A» y «AN» significan UN O UNA. Son artículos indefinidos para nombres singulares. Se usan delante de nombres contables y adjetivos. Se utiliza «A» delante de todos los nombres y adjetivos, y «AN», cuando esos nombres o adjetivos empiecen por vocal (o sonido vocálico).

an apple	*an* elephant	*an* idea	*an* orange	*an* umbrella
una manzana	*un* elefante	*una* idea	*una* naranja	*un* paraguas
a book	*a* room	*a* house	*a* car	*a* table
un libro	*una* habitación	*una* casa	*un* coche	*una* mesa

➪ EXCEPCIÓN: Cuando un nombre o adjetivo empieza por «U», y esa «U» se pronuncia /iu/, se utiliza «A» en lugar de «AN». Las palabras más comunes son:

a uniform   a university   a unit

- ☞ Cuándo se **USAN** los artículos **A** y **AN:**

⇨ 1. delante de sustantivos en singular y significa UNO/A O CUALQUIER:

a cat - *un/a* gato/a	*a* dog - *un/a* perro/a
There is *a* table in the room	Hay *una* mesa en la habitación

⇨ 2. para hablar de oficios:

My mother is *a* doctor	Mi madre es médico

⇨ 3. para expresar unidades de medida:

20 euros *a* kilo	20 euros *por* kilo
100 kilometres *an* hour	100 kilometros *por* hora

⇨ 4. después de palabras como SUCH, QUITE, RATHER, etc.:

It was quite *a* good book	Era un libro *bastante* bueno

⇨ 5. delante de palabras como HUNDRED, THOUSAND, MILLION, DOZEN, etc.:

a hundred students	cien estudiantes

⇨ 6. delante de FEW/LITTLE:

a few cars	unos (cuantos) coches
a little water	un poco de agua

Pero FEW sin A significa POCOS/AS

I have few friends	Tengo pocos amigos

⇨ 7. después de WHAT en exclamaciones:

What *a* goal!	¡Qué/Menudo gol!

- ☞ **DIFERENCIAS ENTRE A Y AN:**

⇨ se utiliza **A:**

⇨ 1. delante de un sustantivo singular y contable que empieza por consonante:

a book	*a* car

Los incontables son aquellos sustantivos que se suelen dividir (en litros, kilos, etc.), pero no contar. No se usan ni A ni AN delante de éstos:

gas (SÍ)	*a* gas (NO)
milk (SÍ)	*a* milk (NO)

➪ 2. delante de palabras que empiezan por EU-, EW-, U- cuando suenan /ju:/:

a uniform	*un* uniforme
a European problem	*un* problema europeo
a useful tool	*una* herramienta útil

➪ 3. delante de una palabra que comienza por O- si suena /w/:

a one-man band

➪ Se utiliza AN delante de adjetivos y nombres:

➪ 1. que empiezan por sonido vocálico:

an elephant	*un* elefante

➪ 2. que empiezan por H muda:

an honest person	*una* persona honesta

ARTÍCULO DETERMINADO: THE

☞ **THE** es el artículo determinado y se traduce como EL, LA, LOS, LAS. Se usa:

➪ 1. con nombres que ya han sido introducidos previamente en la conversación o en el texto:

Victor lent me a computer programme yesterday but *the* programme had a virus

Víctor me prestó un programa de ordenador ayer, pero *el* programa tenía un virus

➪ 2. en frases donde es obvio a qué objeto nos referimos porque sólo hay uno:

Close *the* window!	¡Cierra *la* ventana!

➪ 3. para formar grupos de objetos con adjetivos:

poor	pobre/s	*the* poor	*los* pobres
good	bueno/a/s	*the* good	*los* buenos
English	inglés/a/s	*the* English	*los* ingleses

➪ 4. para hablar de cosas de las cuales sólo existe un ejemplo o grupo de ejemplos:

the president	*el* presidente, *la* presidenta
the sun	*el* sol
the moon	*la* luna
the stars	*las* estrellas

➪ 5. delante de los nombres de los instrumentos musicales:

I can play *the* piano.	Yo sé tocar *el* piano

➪ 6. cuando se refiere a instituciones (hospital, prison, etc.), la presencia o no presencia de THE supone un cambio en el sentido de la frase. Suele indicar que la persona a la que se hace referencia en la frase es objeto de las actividades que se realizan en el lugar.

→ **Sin THE:**

Thomas is in hospital	significa: Thomas está en el hospital como paciente
Thomas is in prison	significa: Thomas está en la cárcel preso
Thomas is at school	significa: Thomas está en la escuela como estudiante

→ **Con THE:**

Thomas is in the hospital	significa: Thomas está en el hospital y no es paciente
Thomas is in the prison	significa: Thomas está en la cárcel y no está preso
Thomas is at the school	significa: Thomas está en la escuela y no es estudiante

➪ 7. THE puede aparecer depués de palabras como AFTER (después de), ALL (todos/as), BOTH (ambos/as), DOUBLE (doble), EXACTLY (exactamente), HALF (la mitad), JUST (justo), como en español.

☞ Cuándo **NO** se utiliza **THE**

➪ 1. delante de nombres, cuando hablamos de ellos en general:

Life is great!	La vida es fantástica
I love nature	Me encanta la naturaleza
Cars are dangerous	Los coches son peligrosos

I like cars, football, chocolate, dignity, love and swimming
Me gustan los coches, el fútbol, el chocolate, la dignidad, el amor y la natación

➪ 2. delante de los nombres propios:

I see Mrs. Murphy every day	Veo a la señora Murphy todos los días
Lawrence's hair is red	El pelo de Lawrence es rojo

➪ 3. delante de los nombres de las calles (street):

Oxford street	la calle Oxford

Excepción: *the* High Street (la Calle Mayor)

➪ 4. delante de juegos y deportes:

We like basketball	(A nosotros) nos gusta el baloncesto
Why don't we play ludo?	¿Por qué no jugamos al parchís?

➪ 5. delante de los títulos oficiales:

King Juan Carlos of Spain	el rey Juan Carlos de España

➪ 6. se puede y se suele prescindir de los artículos en contextos donde es más necesario ahorrar espacio, pero su presencia se sobreentiende: titulares de prensa, anuncios, pósteres, instrucciones, comunicados breves, diccionarios, listas, apuntes, etc.

THE - CASOS ESPECIALES		
delante de...	**con o sin THE**	**ejemplos**
PAÍSES	SIN (generalmente)	India, Tibet, Spain... ➪ EXCEPCIÓN: *the* USA, *the* Netherlands, *the* Vatican
DÍAS DE LA SEMANA	SIN (normalmente)	I leave on *Friday*
después de EVERY	SIN	We go to the sea *every* Sunday
CHRISTMAS EASTER	SIN	There are processions at *Easter*
HOME	SIN	They go *home* at six o'clock
LAS COMIDAS	SIN	I listen to the radio at *breakfast*
LAS MONTAÑAS	SIN	(Mount) *Everest* is in Nepal ➪ EXCEPCIÓN: The Matterhorn
MOST	SIN (si significa 'la mayoría de')	*Most* people like potatoes

delante de...	con o sin THE	ejemplos
PEOPLE	SIN (en general) CON (si se refiere a una nación o a un grupo determinado de gente)	People are funny *The* people of Spain
ESTACIONES DEL AÑO	CON o SIN	I like *the* Summer I like Summer
SPACE	SIN (hablando del espacio exterior)	I would like to float in *space*
INSTITUCIONES	SIN (si se refiere a institución como organización) CON (si se habla del edifico)	I'm going to *school* (university, college, church, class, hospital, prison) I'm painting *the* school (university, college, class, hospital, prison)
BED	SIN (si se habla de su uso) CON (la cama como mueble)	Dad's going to bed early Your book is on *the* bed
EMPRESAS	SIN	She works for *NASA*
WORK	SIN (si se habla del lugar de trabajo)	My sister Naomi has come home from *work*
TOWN	SIN (si se refiere al centro)	Let's go to *town*
NIGHT	SIN at night – por la/s noche/s	Bats fly at *night*
SOCIETY	SIN (si se refiere a la que pertenecemos)	Family is very important in *society*
IDIOMAS	SIN	Clara speaks *Spanish* and *English*

ARTÍCULOS
☹
ERRORES COMUNES

✎ Ejemplos

MAL ⇨ *The* Sunday I play tennis
BIEN ⇨ On Sunday I play tennis
Los domingos juego al tenis
→ Para hacer referencia a un día determinado se utiliza «on» y no «the».

MAL ⇨ I speak *the* French well
BIEN ⇨ I speak French well
Hablo francés bien
→ Los idiomas no suelen llevar artículo.

MAL ⇨ *The* friends are very good
BIEN ⇨ Friends are very good
Los amigos son buenos
→ Cuando se habla en general, no se pone artículo.

MAL ⇨ *The* Christmas is a nice holiday
BIEN ⇨ Christmas is a nice holiday
Las Navidades son unas fiestas encantadoras
→ Las Navidades no llevan artículo en inglés.

MAL ⇨ Melvin went to *the* India
BIEN ⇨ Melvin went to India
Melvin fue a la India
→ La India no lleva artículo en inglés.

LOS DEMOSTRATIVOS: THIS, THAT, THESE, THOSE

☞ Se utilizan los **DEMOSTRATIVOS** para ofrecer un **punto de referencia** al interlocutor. Aportan información sobre la distancia geográfica o psicológica que separa al que habla del objeto que se menciona.

SINGULAR	PLURAL	SINGULAR	PLURAL
this	these	that	those
este/a	estos/as	ese/a/o - aquel/lla/llo	esos/as - aquellos/as

☞ Utilización de los **DEMOSTRATIVOS:**

- ➪ **THIS / THESE** (este/a, estos/as). Cuando el objeto que se menciona está cercano:

  This car is green — *Este* coche es verde
  These apples are not good — *Estas* manzanas no son buenas

- ➪ **THAT / THOSE** (ese/a/o, aquel/lla/llo, esos/as, aquellos/as). Cuando el objeto que se menciona está o se percibe lejano. THAT se usa con nombres contables o incontables, y THOSE, con nombres en plural:

  I love *that* girl — Amo a *esa* chica
  Those houses are cheap — *Aquellas* casas son baratas

➪ Cuando sustituyen a un nombre, es decir, se convierten en **PRONOMBRES**.

I don't like *this* dress — I prefer *that* (one)
Este vestido no me gusta — Prefiero *aquél*

NOMBRES

CONTABLES E INCONTABLES

☞ Llamamos nombres **CONTABLES** a aquellos que **podemos** o **solemos contar** o **cuantificar.**

a car	un coche
one chair	una silla
six pencils	seis lápices

☞ **INCONTABLES,** a aquellos que **no podemos cuantificar,** como los líquidos, sustancias, etc. Por ejemplo:

coffee	café
water	agua
sugar	azúcar
oil	aceite
snow	nieve

➩ Pero si esta definición no satisface, se consideran contables en inglés aquellos nombres que se pueden poner en plural en español, e incontables, los que no. En este caso, español e inglés funcionan de forma prácticamente igual.

a sack of lentils	un saco de lentejas
a sack of coffee	un saco de café

↳ El tamaño de una lenteja es menor que el de un grano de café, pero, aunque nadie las suele contar, las lentejas las consideramos contables, y los granos de café, incontables.

• PLURALES

☞ Generalmente, el plural de los sustantivos se forma como en español, es decir, añadiéndole una «S» al sustantivo singular:

SINGULAR	PLURAL	
house	house*s*	casa/casas
car	car*s*	coche/coches
dog	dog*s*	perro/perros
book	book*s*	libro/libros

☞ Cuando el sustantivo acaba en «Y» precedida por consonante, la «Y» se cambia por «I» y se añade «ES»:

SINGULAR	PLURAL	
lady	lad*ies*	señora/señoras
baby	bab*ies*	bebé/bebés
city	cit*ies*	ciudad/ciudades
country	countr*ies*	país/países

➪ Sin embargo, cuando el sustantivo acaba en «Y» precedida por vocal, sólo se le añade una «S»:

SINGULAR	PLURAL	
boy	boy*s*	chico/chicos
toy	toy*s*	juguete/juguetes
day	day*s*	día/días
key	key*s*	llave/llaves

☞ Cuando el sustantivo acaba en «S», «SH», «CH», «X» o «Z», el plural se forma añadiendo «ES».

➪Esta norma parece lógica, ya que si se intenta pronunciar este tipo de palabras con una «S» al final, no se podrá distinguir la «S» del plural:

SINGULAR	PLURAL	
class	class*es*	clase/clases
ash	ash*es*	ceniza/cenizas
watch	watch*es*	reloj/relojes
box	box*es*	caja/cajas
waltz	waltz*es*	vals/valses

☞ Con las terminaciones con «O» pueden aparecer los plurales formados con «-ES» o simplemente con «S». Aunque los más comunes en este grupo, son los que siempre se forman con «-ES»:

SINGULAR	PLURAL	
domino	domino*es*	dominó/dominós
echo	echo*es*	eco/ecos
hero	hero*es*	héroe/héroes
potato	potato*es*	patata/patatas
tomato	tomato*es*	tomate/tomates

☞ Algunas palabras que terminan en «-F» o «-FE» (por ejemplo, KNIFE/cuchillo), tienen otra forma distinta en el plural. El plural de KNI*FE* no es KNIFES, sino KNI*VES*. En estas palabras, la «F» cambia a «-VES» en el plural. Se pronuncian estas terminaciones /-vz/:

SINGULAR	PLURAL	
half	hal*ves*	(mitad/mitades)
life	li*ves*	(vida/vidas)
shelf	shel*ves*	(estante/estantes)
wife	wi*ves*	(esposa/esposas)

☞ **PLURALES IRREGULARES.**

SINGULAR	PLURAL	
child	children	(niño/a/s)
foot	feet	(pie/s)
goose	geese	(oca/s)
louse	lice	(piojo/s)
man	men	(hombre/s)
mouse	mice	(ratón/es)
ox	oxen	(buey/es)
penny	pence, pennies	(penique/s)
person	people	(persona, personas/gente)
tooth	teeth	(diente/s)
woman	women	(mujer/es)

CUADRO RESUMEN DE LA FORMACIÓN DE LOS PLURALES		
Cambios	**Singular**	**Plural**
+S	toy flower cat hand video	toy*s* flower*s* cat*s* hand*s* video*s*
acaban en consonante + Y Y se sustituye por IES	bod*y* stor*y* part*y*	bod*ies* stor*ies* part*ies*
acaban en S, SH, CH, X + ES	bu*s* di*sh* mat*ch* fo*x*	bus*es* dish*es* match*es* fox*es*
algunas acaban en O + ES	her*o* potat*o* tomat*o*	hero*es* potato*es* tomato*es*

☞ **EXCEPCIONES A LA FORMACIÓN DE LOS PLURALES.**

➩ Las profesiones que están formadas por «MAN» y «WOMAN», en singular, sus formas plurales son «-MEN» y «-WOMEN», respectivamente:

a police*woman*	three police*women*
una mujer policía	tres mujeres policías
a post*man*	two post*men*
un cartero	dos carteros

➩ Nombres que **siempre son plurales:**

briefs	calzoncillos	pijamas	pijama
glasses	gafas	scissors	tijeras
jeans	pantalones vaqueros	shorts	pantalones cortos
leggings	mallas	trousers	pantalones
pants	pantalones		

➪ Nombres que **acaban en** «s», pero son singulares:

economics	economía
gymnastics	gimnasia
mathematics	matemáticas
news	noticia, noticias
physics	física

➪ Los números **hundred, thousand** y **million** no llevan «s» cuando hablamos de **cifras exactas** o **determinadas:**

That house costs two *million* dollars
Esa casa cuesta dos *millones* de dólares

Monica has got *three hundred* euros in the bank
Mónica tiene *trescientos* euros en el banco

There are more than *forty million* people in Spain
Hay más de *cuarenta millones* de personas en España

➪ Sin embargo, cuando hablamos de **cantidades indeterminadas** llevan «s»:

Felix has got *hundreds* of books
Félix tiene *cientos* de libros

There are *thousands* of tourists in Alicante in July
Hay *miles* de turistas en Alicante en julio

The government spends *millions* on public health
El gobierno gasta *millones* en la sanidad pública

➪ Los **sustantivos** que corresponden a **grupos de personas:** family, government, team..., se pueden considerar singular o plural dependiendo de que nos refiramos a ellos como a una unidad o como a unas personas:

The team plays well	The team play well
El equipo juega bien	Los del equipo juegan bien
My family is great	They are all nice people
Mi familia es estupenda	Son todos gente agradable
My family is small	I've only got one brother
Mi familia es pequeña	Sólo tengo un hermano

☞ **FONÉTICA:**

CÓMO PRONUNCIAR LAS PALABRAS TERMINADAS EN «S»

Las terminaciones de todas las palabras con «-S» se pronuncian de tres formas distintas (/iz/, /s/ o /z/), según el sonido que precede a la terminación.

La «-ES» final se pronuncia **/iz/** (como «*is*») en palabras terminadas en:

/-tʃ/	/-tʃɪz/
wat**CH**	wat**chES**
/-ʃ/	/-ʃɪz/
wa**SH**	wa**shES**
/-dʒ/	/-dʒɪz/
chan**Ge**	chan**gES**
/-s/	/-sɪz/
clas**S**	clas**sES**
dan**Ce**	dan**cES**
bo**X**	bo**xES**

La «-ES» final se pronuncia **/s/** en palabras terminadas en:

/-ps/	sto**PS**-ho**P**e**S**
/-ts/	start**TS**-sta**T**e**S**
/-ks/	wal**KS**-wa**K**e**S**
	tacti**CS**
	techni**Q**ue**S**
/-fs/	snif**FS**
	gra**PHS**
	lau**GHS**
/-θs/	mon**THS**

En las demás terminaciones con «-S», la «S» suena **/z/** (como la «*s*» de «*is*»):

pizz**AS**	ru**BS**, tu**B**e**S**	be**DS**, co**D**e**S**	kn**EES**
do**GS**	clo**THES** /ð/	sp**IES**	too**Ls**, mi**L**e**S**
ar**MS**, ga**M**e**S**	fa**NS**, li**N**e**S**	pian**OS**, t**O**e**S**	ea**Rs**, fi**R**e**S**
resc**U**e**S**	lo**V**e**S**	allo**WS**, o**W**e**S**	to**YS**, e**Y**e**S**

PLURALES
☹
ERRORES COMUNES

✎ Ejemplos

MAL ⇨ I'm wearing a blue trousers
BIEN ⇨ I'm wearing blue trousers
→ Llevo pantalones azules
TROUSERS es siempre plural. No tiene singular.

MAL ⇨ My friend is coming. *Those are* good news
BIEN ⇨ My friend is coming. *That is* good news
→ Viene mi amigo. Trae buenas noticias
NEWS es singular a pesar de la «S».

MAL ⇨Julia earns two *millions* and three *hundreds* thousands dollars
BIEN ⇨ Julia earns two *million* three *hundred* thousand dollars
→ Julia gana dos millones trescientos mil dólares
Cuando hablamos de cifras exactas, ni MILLION ni THOUSAND ni HUNDRED llevan «S».

CUANTIFICADORES

☞ Acompañan al nombre y **expresan cantidad.**

DEFINIDOS

☞ **MUCH.** Lo traducimos como MUCHO/MUCHA en español y, por lo tanto, lo utilizamos **con nombres incontables.** Se suele utilizar en oraciones negativas y en preguntas, y con mucha menos frecuencia se usa en frases afirmativas. En estos casos se utiliza A LOT (véase a continuación):

I haven't got *much* time — No tengo *mucho* tiempo

☞ **MANY.** Se traduce como MUCHO. Se usa **con sustantivos contables:**

There are *many* cars in the street — Hay *muchos* coches en la calle

↳ Si tienes dudas para elegir entre MUCH y MANY, usa A LOT (OF), ya que se utiliza con todos los sustantivos, sean contables o incontables. Además, recuerda que MUCH no suele utilizarse en frases afirmativas, y A LOT, sí.

☞ **A LOT OF.** Se traduce como UN MONTÓN DE:

There are *a lot of* accidents every year
Hay *un montón de* accidentes cada año

There is *a lot of* traffic on the roads
Hay *un montón de* tráfico en las carreteras

☞ **LOTS (OF).** Se traduce como MONTONES DE:

There are *lots of* people in the supermarket
Hay *muchísima* gente en el supermercado

☞ **TOO MUCH.** Se traduce como DEMASIADO/A: Observa que va seguido por sustantivos, y no por adjetivos.

There is *too much* noise in big cities
Hay *demasiado* ruido en las grandes ciudades

☞ **TOO MANY.** Se traduce como DEMASIADOS/AS:

There are *too many* flies in small villages
Hay *demasiadas* moscas en los pueblos pequeños

☞ **VERY MUCH.** Se traduce como MUCHO/MUCHÍSIMO, pero es un adverbio de grado, y no un cuantificador; se pone detrás del objeto:

I like tennis *very much* Me gusta *mucho* el tenis

☞ **A LITTLE.** Se traduce como UN POCO (DE). Se utiliza con incontables:

They speak *a little* French Ellos hablan *un poco* de francés

☞ **A FEW.** Se traduce como UNOS POCOS/CUANTOS. Se utiliza con contables:

He has got *a few* sweets in his pocket
Él tiene *unos cuantos* caramelos en su bolsillo

☞ **NONE.** Se traduce como NINGUNO/A. Se utiliza con contables:

How many computers are there? There are *none*
¿Cuántos ordenadores hay? No hay *ninguno*

☞ **PLENTY (OF).** Se traduce como SUFICIENTE/S, BASTANTE/S. Se utiliza con contables e incontables:

She has got *plenty of* friends
Ella tiene *suficientes/bastantes* amigos

There is *plenty of* food in the fridge
Hay *suficiente/bastante* comida en la nevera

☞ **ENOUGH.** Básicamente igual que PLENTY (OF). Significa BASTANTE O SUFICIENTE. Se coloca:

➭ después de los **adjetivos:**

She is clever *enough*	Ella es bastante lista

➭ delante de los **nombres:**

I have *enough* money	Tengo bastante dinero

☞ **HOW MUCH...?** Significa ¿CUÁNTO/A...? Se usa para formar preguntas sobre incontables:

How *much* is it?	¿Cuánto es?
How *much* money?	¿Cuánto dinero?

☞ **HOW MANY..?** Significa ¿CUÁNTOS/AS...? Se usa para formar preguntas sobre contables:

How *many* do you want?	¿Cuántos/as quieres?

INDEFINIDOS

☞ **SOME / ANY.** Se utilizan con nombres para hablar de cantidades indeterminadas de alguna cosa.

☞ **SOME.** Significa CIERTA CANTIDAD DE O ALGO (DE), UN POCO (DE), ALGÚN, ALGUNOS/AS, y se utiliza generalmente con el verbo en forma afirmativa. No siempre se traduce al castellano.

There is *some* sugar	Hay *(algo de)* azúcar
There are *some* apples	Hay *(algunas)* manzanas

➭ Se utiliza también en oraciones interrogativas que sean ofrecimientos y peticiones.

Would you like *some* biscuits?	¿Quieres (*algunas*) galletas?
Can I have *some* water?	¿Me das agua?

☞ **COMPUESTOS DE SOME.**

⇨ SOMETHING. Significa ALGO O ALGUNA COSA, y se utiliza en oraciones afirmativas.

There is *something* under the car — Hay *algo* debajo del coche

→ Se usa también en oraciones interrogativas que sean ofrecimientos y peticiones.

Would you like *something* to eat? — ¿Quieres *algo* para comer?
Can you give *something* new? — ¿Puedes darme *algo* nuevo?

⇨ SOMEBODY/SOMEONE. Las dos significan ALGUIEN O ALGUNA PERSONA, y se utilizan en oraciones afirmativas.

There is *somebody/someone* in the garden — Hay *alguien* en el jardín

→ También se utilizan en oraciones interrogativas que sean ofrecimientos y peticiones.

Shall I call *somebody*? — ¿Llamo a *alguien*?
Can I bring *somebody* to your party? — ¿Puedo traer a *alguien* a tu fiesta?

⇨ SOMEWHERE. Significa ALGÚN SITIO/LUGAR y se utiliza en oraciones afirmativas.

Oxford is *somewhere* in England
Oxford está *en algún lugar* de Inglaterra

→ También se utiliza en interrogativas que sean ofrecimientos, invitaciones o peticiones.

Would you like to go *somewhere?* — ¿Te gustaría ir a *algún sitio*?
Shall we go *somewhere* special? — ¿Vamos a *algún sitio* especial?

☞ **ANY.** Significa, en oraciones interrogativas, ALGO (DE) y ALGÚN-ALGUNA, y en negativas, NADA (DE) O NINGÚN-NINGUNA. No siempre se traduce al castellano. Se utiliza en oraciones negativas y también en preguntas que no sean ofrecimientos, invitaciones o peticiones.

Is there *any* milk? — ¿Hay (*algo de*) leche?
Are there *any* oranges? — ¿Hay naranjas? o ¿Hay (*alguna*) naranja?

There isn't *any* chocolate	No hay *(nada de)* chocolate
There aren't *any* biscuits	No hay galletas

→ Además ANY y sus compuestos también significan CUALQUIER/A, y cuando se traducen de esta manera aparecen en oraciones afirmativas.

Ring me *any time*	Llámame a *cualquier hora*
You can find it in *any shop*	Lo puedes encontrar en *cualquier tienda*

☞ **COMPUESTOS DE ANY.**

➩ ANYTHING. Significa ALGO en oraciones interrogativas; NADA, en oraciones negativas; y CUALQUIER COSA, en oraciones afirmativas.

Is there *anything* in the box?	¿Hay *algo* en la caja?
There isn't *anything* here	No hay *nada* aquí
Buy him *anything*	Cómprale *cualquier cosa*

➩ ANYBODY/ANYONE. Significa ALGUIEN en oraciones interrogativas; NADIE, en oraciones negativas; y CUALQUIER/A o CUALQUIER PERSONA, en oraciones afirmativas.

Is there *anybody* in the house?	¿Hay *alguien* en la casa?
There isn't *anybody* there	No hay *nadie* allí
Anybody can do it	*Cualquiera* puede hacerlo

➩ ANYWHERE. Significa EN ALGÚN SITIO/LUGAR/PARTE en oraciones interrogativas; EN NINGÚN SITIO/NINGUNA PARTE, en oraciones negativas; y EN CUALQUIER SITIO/LUGAR/PARTE, en oraciones afirmativas.

Is there a supermarket *anywhere* near here?
¿Hay un supermercado *cerca* de aquí?

We can't go *anywhere* tomorrow
No podemos ir a *ningún sitio* mañana

You can find it *anywhere*
Lo puedes encontrar en *cualquier sitio*

☞ **NO.** Significa NO... NADA, NO... NINGÚN O NO... NINGUNA, y se utiliza con el verbo en forma afirmativa, puesto que NO tiene ya un sentido negativo y en inglés no se ponen dos partículas negativas en una frase.

There is *no* electricity
No hay electricidad

There are *no* rooms
No hay habitaciones *(No* hay *ninguna* habitación)

☞ **COMPUESTOS DE NO.**

➪ NOTHING. Significa NADA.

There is *nothing* in the fridge   No hay nada en la nevera

➪ NOBODY / NO ONE / NO-ONE. Significan NADIE, y se utilizan con el verbo en forma afirmativa.

There is *nobody* in the classroom   No hay *nadie* en el aula

➪ NOWHERE. Significa EN NINGÚN SITIO-LUGAR-PARTE-LADO, y también va con el verbo en forma afirmativa.

Nowhere is cheap   *Ningún sitio* es barato

☞ **EVERY.** Cuando aparece solo, seguido de un sustantivo, se traduce como CADA O TODO/S.

☞ **COMPUESTOS DE EVERY.**

➪ EVERYTHING. Significa TODO.

Is *everything* ready?   ¿Está *todo* preparado?

➪ EVERYBODY / EVERYONE. Significa TODO EL MUNDO.

Everybody is here   *Todo el mundo* está aquí

➪ EVERYWHERE. Significa POR / A TODAS PARTES.

There are tourists *everywhere* in Summer
Hay turistas *por todas partes* en el verano

DESCRIPCIONES

Algunos adverbios de lugar		Demostrativos	
Here ☞ • (aquí)	**There** ☞ • (allí)	*Singular* **This** (este, esta) *Plural* **These** (estos, estas)	*Singular* **That** (ese, esa, aquel, aquella) *Plural* **Those** (esos, esas, aquellos, aquellas)

☞ **THERE IS** (SINGULAR) / **THERE ARE** (PLURAL). Se utilizan para decir lo que HAY.

☞ **THERE WAS** (SINGULAR) / **THERE WERE** (PLURAL). Se utilizan para decir lo que HABÍA.

➩ THERE IS/WAS se utiliza con singulares e incontables.

There is water	*Hay* agua
There was a garden	*Había* un jardín

➩ THERE ARE/WERE se usa con plurales contables.

There are two bedrooms	*Hay* dos habitaciones
There were three birds	*Había* tres pájaros

THERE IS/ARE (PRESENTE)		THERE WAS/WERE (PASADO)	
FORMA AFIRMATIVA		FORMA AFIRMATIVA	
There is...	Hay... (singular)	There was...	Había... (singular)
There are...	Hay... (plural)	There were...	Había... (plural)
FORMA NEGATIVA		FORMA NEGATIVA	
There is not... There isn't...	No hay... (singular)	There was not... There wasn't...	No había... (singular)
There are not... There aren't...	No hay...(plural)	There were not... There weren't...	No había...(plural)
FORMA INTERROGATIVA		FORMA INTERROGATIVA	
Is there...?	¿Hay...? (singular)	Was there...?	¿Había...? (singular)
Are there...?	¿Hay...? (plural)	Were there...?	¿Había...? (plural)

CUADROS RESUMEN ORACIONES DESCRIPTIVAS

SINGULAR

+		
	a house an umbrella a car somebody something nobody nothing	
There is ***There's*** (contracta)	some no too much a lot of lots of plenty of enough a little	pollution traffic noise fun water food money time

?		
	a house? an umbrella? a car? somebody? something? nobody? nothing?	
Is there	any no too much a lot of lots of plenty of enough a little	pollution? traffic? noise? fun? water? food? money? time?

→ ***Yes, there is***

→ ***No, there isn't***

−		
	a house an umbrella a car anybody anything	
There is not ***There isn't*** (contracta)	any a lot of lots of plenty of enough	traffic fun water food money

PLURAL

+		
There are	some no too many a lot of lots of plenty of enough a few	cars houses roads shops cinemas parks people children

?		
Are there	any too many a lot of lots of plenty of enough a few	cars? houses? roads? shops? cinemas? parks? people? children?

→ ***Yes, there are***

→ ***No, there aren't***

−		
There are not ***There aren't***	any too many a lot of lots of plenty of enough a few	cars houses roads shops cinemas parks people children

CUANTIFICADORES
☹
ERRORES COMUNES

✎ Ejemplos

MAL ⇨ I drink *much* milk
BIEN ⇨I drink *a lot of* milk
→ Bebo mucha leche
«Much» no se utiliza en oraciones afirmativas.

MAL ⇨ *Much* people like that programme
BIEN ⇨*Many* people like that programme
→ A mucha gente le gusta el programa
La gente siempre es plural y contable.

MAL ⇨ That car cost *much* money
BIEN ⇨ That car cost *a lot of* money
→ El coche cuesta mucho dinero
«Much» no va con frases afirmativas.

MAL ⇨ She's *too much* timid
BIEN ⇨ She's *too* timid
→ Ella es demasiado tímida
«Too much» no va con adjetivos, sino con nombres.

MAL ⇨ *How many* years have you got?
BIEN ⇨*How old* are you?
→ ¿Cuántos años tienes?
MAL ⇨ The teacher has got *too many* years
BIEN ⇨ The teacher is *too* old
→ El profesor es muy mayor
Los años, aunque son contables, no se pueden mostrar como si fueran objetos.
Recuerda: para preguntar por la edad siempre se utiliza la forma «how old?».

ADJETIVOS

☞ Los **ADJETIVOS** suelen ir delante de los nombres que describen. No tienen ni género ni número *(Dirty* → sucio, sucia, sucios, sucias).

ORDEN DE LOS ADJETIVOS

☞ A menudo, cuando se hacen definiciones de objetos, **se utilizan varios adjetivos.** A continuación se ofrece un cuadro de orientación general sobre **EL ORDEN ENTRE LOS ADJETIVOS** comunes.

Determinante	Impresión general	Tamaño, forma, etc.	Color o Participio	Origen o Estilo	Objeto/s
a	(very) beautiful	big	black	American	car/s
an	(very) expensive	small	white	Spanish	house/s
the	(very) nice	long	blue	British	chair/s
some	(very) amazing	short	red	Italian	wall clock
a few	(very) great	tall	brown	Art Deco	greyhound/s
this	(very) silly	high	green	classical	window/s
that	(very) wonderful	large	illustrated	colonial	book/s
these	(very) horrible	wide	carved	Indian	table/s
those	(very) interesting	narrow	painted	traditional	doll/s
his	(very) boring	thin	...	Victorian	city/cities
our	(very) terrible	thick		18th century	tourist attraction/s
John's	(very) cheap	...		modern	shower/s

CLASES DE ADJETIVOS

☞ Para describir **CARÁCTER (CHARACTER):**

What's he like?	He's *cheerful, talkative* and very *nice*
¿Cómo es él?	Es alegre, hablador y muy agradable
What's she like?	She's *friendly, sociable* and *diplomatic*
¿Cómo es ella?	Es simpática, sociable y diplomática
What are they like?	They're *clever, amusing* and *optimistic*
¿Cómo son ellos/ellas?	Son listos, divertidos y optimistas

☞ Para describir **ASPECTO FÍSICO (PHYSICAL APPEARANCE):**

What does he look like?
He's *tall* and *handsome*. His eyes are *brown* and his hair is *black*
¿Qué aspecto tiene (él)?
Es alto y guapo. Sus ojos son marrones y su pelo es negro

What does she look like?
She's *thin* and *beautiful*. Her eyes are *green* and her hair is *brown*
¿Qué aspecto tiene (ella)?
Es alta y guapa. Sus ojos son verdes y su pelo es marrón

What do they look like?
They're *young* and *strong*. Their eyes are *blue* and their hair is *red*
¿Qué aspecto tienen (ellos/as)?
Son jóvenes y fuertes. Sus ojos son azules y su pelo es rojo

☞ Para describir **EL TIEMPO (THE WEATHER):**

What's the weather like?	¿Qué tiempo hace?
It's *cold* and *windy*	Hace frío y viento

➪ **Adjetivos para describir el tiempo:**

bochornoso - clammy, muggy	lluvioso - rainy
caluroso - hot	nevoso - snowy
con neblina - hazy	nublado - cloudy
con niebla - foggy	seco - dry

fresco - cool
frío - cold
helado - freezing
húmedo - wet
soleado - sunny
templado, cálido - warm
tormentoso - stormy
ventoso - windy

➪ **También se puede expresar el tiempo con verbos:**

It's snowing	Está nevando
It's raining	Está lloviendo
The wind is blowing	Sopla el viento
etc.	etc.

☞ Para describir **COSAS (THINGS):**

What's your house like?	¿Cómo es tu casa?
It's *small* and *comfortable*	Es pequeña y cómoda
What are your new gloves like?	¿Cómo son tus guantes nuevos?
They're *warm* and *cheap*	Son calientes y baratos

☞ **GENTILICIOS.** Algunos ejemplos son:

REGULARES		IRREGULARES	
DE (PAÍS)	**NACIONALIDAD**	**DE (PAÍS)**	**NACIONALIDAD**
from United States (de Estados Unidos)	American (estadounidense)	from Spain (de España)	Spanish (español)
from Canada (de Canadá)	Canadian (canadiense)	from France (de Francia)	French (francés)
from Portugal (de Portugal)	Portuguese (portugués)	from England (de Inglaterra)	English (inglés)
from Germany (de Alemania)	German (alemán)	from Ireland (de Irlanda)	Irish (irlandés)
from Italy (de Italia)	Italian (italiano)	from Holland (de Holanda)	Dutch (holandés)
from Japan (de Japón)	Japanese (japonés)	from Scotland (de Escocia)	Scottish (escocés)

ADJETIVOS POSESIVOS

☞ Los **ADJETIVOS POSESIVOS** van delante de el nombre indicando pertenencia. Siempre concuerdan con el poseedor, y no con el objeto poseído.

ADJETIVOS POSESIVOS	
my	mi/s
your	tu/s
his	su/s (de él)
her	su/s (de ella)
its	su/s (de ello)
our	nuestro/a/s
your	vuestro/a/s
their	sus

This is *my* father	Éste es mi padre
Your letters	Tus cartas

✎ **NOTA.** Véase el capítulo «Expresando posesión»; en el Vocabulario, al final del libro, aparece una extensa lista de adjetivos.

ADVERBIOS

☞ Los **ADVERBIOS** añaden información al verbo, modificando o matizando su significado.

He goes to work *weekly* — (Él) va a trabajar semanalmente
They sleep *happily* — (Ellos) duermen felizmente

FORMACIÓN DE LOS ADVERBIOS

☞ **AÑADIENDO «-LY» A UN ADJETIVO.**

ADJETIVO	ADVERBIO
Bad (malo)	Bad*ly* (mal)
Quick (rápido)	Quick*ly* (rápidamente)
Happy (feliz)	Happil*y* (felizmente)

☞ **AÑADIENDO «-LY» A UN NOMBRE.**

NOMBRE	ADVERBIO
Month (mes)	Month*ly* (mensualmente)
Week (semana)	Week*ly* (semanalmente)

☞ ORTOGRAFÍA.

TERMINACIÓN EN	CAMBIA A →	ADJETIVO	ADVERBIO
«-LE»	«-LY»	Gentle	Gent*ly*
«-Y»	«-ILY»	Tidy	Tid*ily*
«-IC»	«-ICALLY»	Apathetic	Apathet*ically*
«-LL»	«-LLY»	Full	Fu*lly*

☞ ADVERBIOS INVARIABLES.

Here	Aquí	Often	A menudo
Soon	Pronto	Never	Nunca
There	Allí	Sometimes	Algunas veces
Always	Siempre		

COLOCACIÓN DE LOS ADVERBIOS

ADVERBIO	¿?	COLOCACIÓN	EJEMPLO	TRADUCCIÓN
DE TIEMPO	¿Cuándo?	Al final de la frase	I go to London *tomorrow*	Voy a Londres mañana
DE MODO	¿Cómo?	Al final de la frase, detrás del verbo o complemento directo	She paints very *well*	Ella pinta muy bien
DE LUGAR	¿Dónde?	Detrás del complemento directo o del verbo	I can't find my dog *anywhere*	No puedo encontrar a mi perro por ningún lado
DE FRECUENCIA	¿Cuántas veces?	Delante del verbo	I *often* play football	Juego a menudo al fútbol
		Después del verbo TO BE, auxiliar o modal	You*'re never* late	Nunca llegas tarde
		«Sometimes» puede ir delante o detrás de la frase	I go to the cinema *sometimes* *Sometimes* I go to the cinema	A veces voy al cine

ADVERBIO	¿?	COLOCACIÓN	EJEMPLO	TRADUCCIÓN
DE INTENSIDAD	Quite (bastante), Very (muy)...	Delante de un adjetivo u otro adverbio	I am *very* hungry	Estoy muy hambriento
ESPECIALES	Enough (suficiente)	➪ Después de los adjetivos ➪ Delante de los nombres	She is clever *enough* I have *enough* money	Ella es lo suficientemente lista Tengo suficiente dinero
	Still (todavía, aún)	➪ Delante del verbo ➪ Después del verbo TO BE y los modales	She can *still* swim They are *still* studying	Ella no sabe nadar todavía Ellos están estudiando todavía
	Yet (ya, todavía)	Al final de la frase	Have you read the book *yet?*	¿Has leído el libro ya?

➪ Cuando hay varios adverbios en una frase, el orden es: MODO - LUGAR - TIEMPO:

We will meet *at the office tomorrow*
Nos reuniremos en la oficina mañana

ALGUNOS ADVERBIOS DE TIEMPO	
then	entonces, después
yesterday	ayer
the day before yesterday	antes de ayer
last night	ayer por la noche
last week	la semana pasada
last month	el mes pasado
last year	el año pasado
last Tuesday	el martes pasado
in 1986	en 1986

ADVERBIOS
☹
ERRORES COMUNES

✎ Ejemplos

MAL ⇨ You can do it *easyly*
BIEN ⇨ You can do it *easily*
→ Puedes hacerlo fácilmente
Los adjetivos terminados en «–Y» se convierten en «–ILY» al convertirse en adverbios.

MAL ⇨ Susan and Tom will go tomorrow to the airport
BIEN ⇨ Susan and Tom will go by car to the airport tomorrow
→ Susan y Tom irán mañana en coche al aeropuerto
Recuerda: primero el modo, luego el lugar y después el cuándo.

MAL ⇨ Peter is *enough* clever to be an engineer
BIEN ⇨ Peter is clever *enough* to be an engineer
→ Peter es lo suficientemente listo para ser ingeniero
«Enough» siempre va detrás de los adjetivos.

MAL ⇨ Have you finished *yet* the book?
BIEN ⇨ Have you finished the book *yet?*
→ ¿Has terminado ya el libro?
«Yet» siempre va al final de la frase.

Los comparativos

ADJETIVOS

ADJETIVOS COMPARATIVOS DE SUPERIORIDAD

☞ Los comparativos de SUPERIORIDAD se forman de dos maneras:

➪ 1. cuando los adjetivos son de **una sílaba** se añade al adjetivo el sufijo **«-ER»:**

clean	limpio/a/s	clean*er*	*más* limpio/a/s
strong	fuerte	strong*er*	*más* fuerte/s
tall	alto	tall*er*	*más* alto/a/s

➪ 2. cuando son de **tres** o **más sílabas** se antepone **«MORE»** («más») al adjetivo:

comfortable	cómodo/a/s	*more* comfortable	*más* cómodo/a/s
intelligent	inteligente/s	*more* intelligent	*más* inteligente/s

➪ 3. los adjetivos de **dos sílabas** generalmente se pueden formar de las dos maneras (**«-ER»** o **«MORE»**):

clever	listo/a/s	clever*er*, *more* clever	*más* listo/a/s

☞ **THAN.** Significa QUE en frases de comparativos de superioridad y de inferioridad (véase más adelante).

The pyramids are older *than* the Coliseum
Las pirámides son más antiguas *que* el Coliseo

A car is less expensive *than* an airplane
Un coche es menos caro *que* un avión

☞ **ORTOGRAFÍA.**

➪ En los adjetivos de una o dos sílabas acabados en **«Y»**, la **«Y»** se cambia por **«I»** y se añade **«-ER»**.

dr*y*	seco/a/s	dr*i*er	más seco/a/s
dirt*y*	sucio/a/s	dirt*i*er	más sucio/a/s

➪ En los adjetivos de una o dos sílabas que acaban en **«E»**, en lugar de añadirles **«-ER»** sólo se les añade **«-R»**.

simpl*e*	sencillo/a/s	simple*r*	más sencillo/a/s
pur*e*	puro/a/s	pure*r*	más puro/a/s

➪ Cuando los adjetivos cortos acaban en consonante precedida por una sola vocal, doblan la consonante y se les añade **«-ER»**.

b*ig*	grande	bi*gg*er	más grande/s
th*in*	delgado/a/s	thi*nn*er	más delgado/a/s

☞ **FORMAS IRREGULARES.**

good	bueno/a/s	*better*	mejor/es
bad	malo/a/s	*worse*	peor/es
far	lejos	*further/farther*	más lejos

ADJETIVOS COMPARATIVOS DE IGUALDAD

☞ La fórmula es:

AS* + adjetivo + *AS	***TAN* + adjetivo + *COMO***
Japanese is *as* difficult *as* Chinese	El japonés es *tan* difícil *como* el chino
England isn't *as* large *as* France	Inglaterra no es *tan* grande *como* Francia

ADJETIVOS COMPARATIVOS DE INFERIORIDAD

☞ Se forman con **«LESS»** («menos»):

LESS* + adjetivo + *THAN ***MENOS* + adjetivo + *QUE***

Tennis is *less* popular *than* football
El tenis es *menos* popular *que* el fútbol

Houses are *less* expensive *than* palaces
Las casas son *menos* caras *que* los palacios

ADVERBIOS

ADVERBIOS COMPARATIVOS DE SUPERIORIDAD, IGUALDAD E INFERIORIDAD

☞ **Los adverbios.** Se forman como los adjetivos.

Gabriel drives fast*er* than Glenda
Gabriel conduce *más rápido* que Glenda

Tamara speaks *less* clearly than Tina
Tamara habla *menos* claramente que Tina

Brad writes *as* badly *as* Roy
Brad escribe *tan* mal *como* Roy

☞ **Formas irregulares.**

often	a menudo	*more often*	más a menudo
badly	mal	*worse*	peor
little	poco	*less*	menos
well	bien	*better*	mejor
much	mucho	*more*	más

COMPARATIVOS

☹

ERRORES COMUNES

✎ Ejemplos

MAL ⇨ This film is *more good* than that film
BIEN ⇨ This film is *better* than that film
→ Esta película es mejor que esa otra (película)
«Good» es irregular y su comparativo es «better».

MAL ⇨ I am taller *that* you
BIEN ⇨ I am taller *than* you
→ Soy más alto que tú
«Than» es el «que» de comparativo, y no «that».

MAL ⇨ My father is *as* big *that* your father
BIEN ⇨ My father is *as* big *as* your father
→ Mi padre es más grande que el tuyo
En comparativos de igualdad se usa «AS + adjetivo + AS».

Los superlativos

ADJETIVOS

ADJETIVOS SUPERLATIVOS DE SUPERIORIDAD

☞ Los superlativos de superioridad se forman de dos maneras:

➩ 1. a los adjetivos de **una sílaba** se añade el sufijo **«-EST»** y se antepone el artículo **«THE»** (él, la, las, los, lo):

clean	limpio/a/s	*the* clean*est*	*el más* limpio/a/s
strong	fuerte/s	*the* strong*est*	*el más* fuerte/s
tall	alto/a/s	*the* tall*est*	*el más* alto/a/s

➩ 2. cuando son de **tres** o **más sílabas,** se antepone **«THE MOST»** al adjetivo:

comfortable	*the most* comfortable
cómodo/a/s	*el más* cómodo/a/s
intelligent	*the most* intelligent
inteligente/s	*el más* inteligente/s

➩ 3. los adjetivos de **dos sílabas** generalmente se pueden formar de las dos maneras (**«-EST»** o **«THE MOST»**):

clever	listo/a/s	clever*est* / the *most* clever	*el más* listo/a/s

➩ **NOTA: «THAN»** no se utiliza con los superlativos de ningún tipo.

☞ **ORTOGRAFÍA.**

➩ En los adjetivos de una o dos sílabas acabados en **«Y»**, la **«Y»** se cambia por **«I»** y se añade **«EST»**.

dr*y*	seco/a/s	the dr*i*est	el más seco/a/s
dirt*y*	sucio/a/s	the dirt*i*est	el más sucio/a/s

➩ En los adjetivos de una o dos sílabas que acaban en **«E»**, en lugar de añadirles **«ER»** sólo se les añade **«-EST»**.

simpl*e*	sencillo/a/s	the simplest	el más sencillo/a/s
pur*e*	puro/a/s	the purest	el más puro/a/s

➩ Cuando los adjetivos cortos acaban en consonante precedida por una sola vocal, doblan la consonante y se les añade **«-EST»**.

b*ig*	grande	the bi*gg*est	el más grande/s
th*in*	delgado/a/s	the thi*nn*est	el más delgado/a/s

☞ **FORMAS IRREGULARES.**

good	bueno/a/s	the *best*	el mejor/es
bad	malo/a/s	the *worst*	el peor/es
far	lejos	the *furthest/farthest*	lo más lejano

ADJETIVOS SUPERLATIVOS DE INFERIORIDAD

☞ Se utiliza **«THE LEAST»** («el/la menos») delante de los adjetivos:

Pork is *the least* popular meat in Israel
La carne de cerdo es *la menos* popular en Israel

Water is *the least* expensive drink in Europe
El agua es *la* bebida *menos cara* en Europa

ADVERBIOS

ADVERBIOS SUPERLATIVOS DE SUPERIORIDAD E INFERIORIDAD

☞ Se forman como los adjetivos.

Michel drives the fast*est*
Michel es *el que* conduce *más rápidamente*

Anita speaks the *least* clearly
Anita es *la que* habla *menos* claramente

☞ **FORMAS IRREGULARES.**

often	a menudo, frecuente	*the most often*	el/la/lo más frecuente
badly	mal	*the worst*	el/la/lo peor
little	poco	*the least*	el/la/lo menos
well	bien	*the best*	el/la/lo mejor
much	mucho	*the most*	el/la/lo más

SUPERLATIVOS
☹
ERRORES COMUNES

✎ Ejemplos

MAL ⇨ Whales are the *bigger* animals
BIEN ⇨ Whales are the *biggest* animals
→ Las ballenas son los animales más grandes
El superlativo es «the biggest», no «the bigger».

MAL ⇨ The Tajo is the *longest* river *of* Spain
BIEN ⇨ The Tajo is the *longest* river *in* Spain
→ El Tajo es el río más largo de España
«Of» expresa posesión, y los lugares o países no son poseedores de los ríos ni de las montañas.

MAL ⇨ Carla is the *best* student *of* the school
BIEN ⇨ Carla is the *best* student *in* the school
→ Carla es la mejor estudiante de la escuela
«Of» expresa posesión, y los lugares públicos no son poseedores de la gente.

CUADRO RESUMEN DE LA FORMACIÓN DE LAS TERMINACIONES «-ER» Y «-EST»

Adjetivo/Adverbio +ER	**Adjetivo/Adverbio +EST**
old - old*er* rich - rich*er* poor - poor*er* long - long*er* dark - dark*er* near - near*er* cold - cold*er*	fast - fast*est* deep - deep*est* fair - fair*est* hard - hard*est* tall - tall*est* black - black*est* soft - soft*est*
E final	**E final**
nice - nice*r* late - late*r* large - large*r*	nice - nice*st* blue - blue*st* rude - rude*st*
Consonante + Y final	**Consonante + Y final**
easy - eas*i*er funny - funn*i*er dirty - dirt*i*er	easy - eas*i*est dry - dr*i*est silly - sill*i*est
Consonante + Vocal + Consonante final	**Consonante + Vocal + Consonante final**
fat - fa*tt*er bad - ba*dd*er big - bi*gg*er	hot - ho*tt*est red - re*dd*est thin - thi*nn*est

EL VERBO TO BE

☞ El verbo **TO BE** significa **SER** o **ESTAR**, indistintamente.

También es un verbo auxiliar, ayuda a formar los tiempos (simples, continuos, perfectos, voz pasiva, etc.).

Sus **PRINCIPALES FORMAS** son:		
BE	WAS/WERE	BEEN
infinitivo	pasado	participio
gerundio/participio presente: BEING		

TO BE - PRESENTE SIMPLE				
Forma afirmativa plena	**Forma afirmativa contracta**	**Forma negativa plena y contracta**	**Forma interrogativa**	**Respuesta corta**
I *am*... [Yo *soy/estoy...]*	I'*m*... [Yo *soy/estoy...]*	*I am not...* *I'm not...* [Yo *no soy/estoy...]*	*am* I...? *[¿Soy/estoy* yo...]	Yes, *I am* No, *I'm not*
You *are*... [Tú *eres/estás...]*	You'*re*... [Tú *eres/estás...]*	*You are not...* *You aren't...* [Tú *no eres/estás...]*	*are* you...? *[¿Eres/estás* tú...?]	Yes, *you are* No, *you aren't*
He *is*... [Él *es/está...]*	He'*s*... [Él *es/está...]*	*He is not...* *He isn't....* [Él *no es/está...]*	*is* he...? *[¿Es/está* él...?]	Yes, *he is* No, *he isn't*

TO BE - PRESENTE SIMPLE				
Forma afirmativa plena	**Forma afirmativa contracta**	**Forma negativa plena y contracta**	**Forma interrogativa**	**Respuesta corta**
She *is...* [Ella *es/está...]*	She*'s...* [Ella *es/está...]*	*She is not... She isn't...* [Ella *no es/está...]*	*is* she...? *[¿Es/está* ella...?]	Yes, *she is* No, *she isn't*
It *is...* [Ello *no es/está...]*	It*'s...* [Ello *es/está...]*	*It is not... It isn't...* [Ello *no es/está...]*	*is* it...? *[¿Es/está* ello...?]	Yes, *it is* No, *it isn't*
We *are...* [Nosotros/as *somos/estamos...]*	We*'re...* [Nosotros/as *so-mos/estamos...]*	*We are not... We aren't...* [Nosotros/as *no somos/estamos...]*	*are* we...? *[¿Somos/estamos* nosotros/as...?]	Yes, *we are* No, *we aren't*
You *are...* [Vosotros/as *sois/estáis...]*	You*'re...* [Vosotros/as *sois/estáis...]*	*You are not... You aren't...* [Vosotros/as *no sois/estáis...]*	*are* you...? *[¿Sois/estáis* voso-tros/as...?]	Yes, *you are* No, *you aren't*
They *are...* [Ellos/as *son/están...]*	They*'re...* [Ellos/as *son/están...]*	*They are not... They aren't...* [Ellos/as *no son/están...]*	*are* they...? *[¿Son/están* ellos/as...?]	Yes, *they are* No, *they aren't*

TO BE - PASADO SIMPLE			
Forma afirmativa plena	**Forma negativa plena y contracta**	**Forma interrogativa**	**Respuesta corta**
I *was...* [Yo *era/estaba...]*	*I was not... I wasn't...* [Yo *no era/estaba...]*	*was* I...? *[¿Era/estaba* yo...]	Yes, *I was* No, *I wasn't*
You *were...* [Tú *eras/estabas...]*	*You were not... You weren't...* [Tú *no eras/estabas...]*	*were* you...? *[¿Eras/estabas* tú...?]	Yes, *you were* No, *you weren't*

TO BE - PASADO SIMPLE			
Forma afirmativa plena	**Forma negativa plena y contracta**	**Forma interrogativa**	**Respuesta corta**
He *was...* [Él *era/estaba...]*	*He was not..* *He wasn't....* [Él *no era/estaba...]*	*was* he...? *[¿Era/estaba* él...?]	Yes, *he was* No, *he wasn't*
She *was...* [Ella *era/estaba...]*	*She was not...* *She wasn't...* [Ella *no era/estaba...]*	*was* she...? *[¿Era/estaba* ella...?]	Yes, *she was* No, *she wasn't*
It *was...* [Ello *no era/estaba...]*	*It was not...* *It wasn't...* [Ello *no era/estaba...]*	*was* it...? *[¿Era/estaba* ello...?]	Yes, *it was* No, *it wasn't*
We *were...* [Nosotros/as *éra-mos/estábamos...]*	*We were not...* *We weren't...* [Nosotros/as *no éra-mos/estábamos...]*	*were* we...? *[¿Éramos/estábamos* nosotros/as...?]	Yes, *we were* No, *we weren't*
You *were...* [Vosotros/as *erais/es-tabais...]*	*You were not...* *You weren't...* [Vosotros/as *no erais/estabais...]*	*were* you...? *[¿Erais/estabais* vo-sotros/as...?]	Yes, *you were* No, *you weren't*
They *were...* [Ellos/as *son/están...]*	*They were not...* *They weren't...* [Ellos/as *no son/están...]*	*were* they...? *[¿Son/están* ellos/as...?]	Yes, *they were* No, *they weren't*

UTILIZACIÓN DEL VERBO TO BE

☞ **NOTA.** Aunque TO BE significa SER y también ESTAR, la diferencia entre los dos conceptos se ve con las preguntas «WH-», fijándonos si va seguido de adverbio o de adjetivo.

How *are* they?	¿Cómo están ellos?
They *are* well	Están bien
What *are* they like?	¿Cómo son ellos?
They *are* nice people	Son buena gente

What*'s* the weather like?	¿Qué tiempo hace?
It*'s* cloudy	Está nublado

☞ Se **UTILIZA** para hacer:

➪ DEFINICIONES:

A diamond *is* a stone	Un diamante es una piedra
She*'s* an intelligent person	Ella es una persona inteligente

➪ DESCRIPCIONES acompañado de adjetivos:

We *are* French	Nosotros somos franceses
They *are* tall	Ellos/as son altos/as

➪ para HABLAR DE:

→ edad:

I*'m* 13 years old	Yo tengo trece años

→ tamaño:

They *are* tall	Ellos/as son altos/as

→ peso:

It *is* fifty kilos	Pesa cincuenta kilos

→ estados físicos o anímicos:

He*'s* tired	Él está cansado
We*'re* happy	Nosotros estamos contentos
They*'re* thirsty	Ellos tienen sed

➪ SEGUIDO DE NOMBRES:

He*'s* a teacher	Él es profesor
We *are* football players	Somos jugadores de fútbol
I*'m* Jack	Yo soy Jack

➪ SEGUIDO DE ADVERBIOS:

They*'re* well	Ellos están bien

ALGUNAS PREGUNTAS COMUNES CON EL VERBO TO BE

☞ **Para preguntar por la EDAD.** Los años en inglés se expresan con el verbo TO BE, y no con HAVE ni HAVE GOT.

How old *are* you? ¿Cuántos años tienes?
I'*m* thirteen (years old) Tengo trece (años)

How old	*is* *are*	nombre(s)/pronombre	?

☞ **Para preguntar por la ALTURA:**

How tall is she? ¿Cuánto mide ella?
She's one metre sixty centimetres (tall) Mide un metro sesenta (de alto)

How tall	*is* *are*	nombre(s)/pronombre	?

☞ **Para preguntar por el PESO:**

How heavy *is* he? ¿Cuánto pesa él?
He'*s* fifty-five kilos Pesa cincuenta y cinco kilos

How heavy	*is* *are*	nombre(s)/pronombre	?

☞ **Para preguntar por la ANCHURA:**

How wide *is* the river? ¿Qué anchura tiene el río?
It'*s* half a kilometre (wide) Tiene medio kilómetro (de ancho)

How wide	*is* *are*	nombre(s)/pronombre	?

☞ **Para preguntar por la LONGITUD:**

How long *is* the beach? ¿Qué longitud tiene la playa?
It'*s* two kilometres (long) Tiene dos kilómetros (de largo)

How long	*is* *are*	nombre(s)/pronombre	?

☞ **Para preguntar por la PROFUNDIDAD:**

How deep *is* the lake? ¿Qué profundidad tiene el lago?
It*'s* three metres Tiene tres metros

How deep	*is* *are*	nombre(s)/pronombre	?

☞ **Para preguntar por la DISTANCIA:**

How far *is* the shop? ¿A qué distancia está la tienda?
It*'s* five minutes from here Está a unos cinco minutos de aquí

How far	*is* *are*	nombre(s)/pronombre	?

☞ **Para preguntar por el lugar de origen o la NACIONALIDAD (1):**

Where *are* they from? ¿De dónde son?
They *are* from Hong Kong, China Son de Hong Kong, China

Where	*is* *are*	nombre(s)/ pronombre	**from?**

☞ **Para preguntar por el lugar de origen o la NACIONALIDAD (2):**

What*'s* their nationality? ¿Cuál es su nacionalidad?
They*'re* Chinese Son chinos

What	*is* *are*	adjetivo posesivo	**nationality?** **nationalties?**

☞ **Para preguntar por el NOMBRE o apellido:**

What*'s* his name? ¿Cuál es su nombre?
His name *is* James Su nombre es James
What*'s* his surname? ¿Cuál es su apellido?
His surname *is* Bond Su apellido es Bond

What	*is* *are*	adjetivo posesivo	**name?** **names?**

☞ **Para preguntar por DIRECCIONES:**

What*'s* your address?	¿Cuál es tu dirección?
It*'s* number one Society Street	Es calle Sociedad número uno

What	*is* *are*	adjetivo posesivo	**address?** **addresses?**

☞ **Para pedir DESCRIPCIONES:**

What *is* James like?	¿Cómo es James?
He*'s* intelligent	Es inteligente
What *is* his car like?	¿Cómo es su coche?
It*'s* fantastic	Es fantástico

What	*is* *are*	nombre(s)/ pronombre	**like?**

☞ **Para preguntar por ESTADOS FÍSICOS O ANÍMICOS:**

What *is* the matter with him?	¿Qué le pasa a él?
He*'s* hungry	Tiene hambre
What*'s* the matter with her?	¿Qué le pasa a ella?
She*'s* bored	Está aburrida

What is the matter with	nombre(s)/pronombre	?

➩ Algunos adjetivos comunes relacionados con estados físicos o anímicos responden a la pregunta «What's the matter?». Recuerda que los adjetivos en inglés no tienen ni género ni número.

angry	enfadado/a/s	sad	triste/s
bored*	aburrido/a/s	shy/timid	tímido/a/s
cold	frío/a/s	sleepy	somnoliento/a/s
frightened*/scared	asustado/a/s	thirsty	sediento/a/s
hot	acalorado/a/s	tired*	cansado/a/s
hungry	hambriento/a/s	worried*	preocupado/a/s
ill/sick	enfermo/a/s		

➪ Los señalados con asteriscos en la lista de la página anterior son adjetivos derivados de verbos que se traducen como ESTAR (sentirse) cansado, aburrido, asustado o preocupado. Observa que todos acaban en «ED».

Si se quiere definir algo que «es», es decir, que produce cansancio, aburrimiento, miedo o preocupación, se utilizaran estos otros adjetivos, también derivados de los mismos verbos y que acaban en «ING»:

boring	que aburre
frightening	que da miedo o asusta
tiring	que cansa
worrying	que preocupa

Crocodiles are *frightening* animals
Los cocodrilos son animales que dan miedo

The film «Alone in the Desert» is very *boring*
La película «Solo en el desierto» es muy aburrida

TO BE
☹
ERRORES COMUNES

✎ Ejemplos

MAL ➪How old *have* you? I've got fifteen
BIEN ➪ How old *are* you? *I'm* fifteen
→ ¿Cuántos años tienes? Tengo quince
Para hablar de la edad, se utiliza el verbo «To be».

MAL ➪How many metres *has* Mount Everest?
BIEN ➪ How high *is* Mount Everest?
→ ¿Cuántos metros tiene el monte Everest?
Para hablar de la altura, se usa el verbo «To be».

MAL ⇨ They are *very* friends
BIEN ⇨ They are *very good* friends
→ (Ellos) son muy buenos amigos
La palabra «friends» no es un adjetivo.

MAL ⇨ What *happens* to Tony? He's ill
BIEN ⇨ *What's the matter with* Tony? He's ill
→ ¿Qué le pasa a Tony? Está enfermo
La fórmula para preguntar por estados físicos o anímicos es «What's the matter with...?».

MAL ⇨They're *from* Spanish
BIEN ⇨ They're *from* Spain
→ (Ellos) son de España
«From» es una preposición que se traduce como «de» (punto de procedencia) y va seguido por un nombre. «Spanish» es un adjetivo.

MAL ⇨ *They* names are Ann and John
BIEN ⇨ *Their* names are Ann and John
→ Sus nombres son Ann y John
Se utiliza el adjetivo posesivo «their». «They» significa «ellos/ellas».

MAL ⇨ He's *of* London
BIEN ⇨ He's *from* London
→ (Él) es de Londres
La preposición «of» significa «de», pero de pertenencia, y los lugares no son dueños de la gente.

MAL ⇨ How is your new teacher? Is she strict?
BIEN ⇨ *What* is your new teacher *like*? Is she strict?
→ ¿Cómo es tu nuevo profesor? ¿Es estricto?
Para pedir descripciones se utiliza «What... like? ». «How...?' » se usa para preguntar «¿Cómo está...?», y no «¿Cómo és...? »

MAL ⇨ These sweets are very goods
BIEN ⇨ These sweets are very *good*
→ Estos dulces están muy buenos
Los adjetivos en inglés no tienen plural.

MAL ⇨ This city is very bored
BIEN ⇨ This city is very *boring*
→ La ciudad es muy aburrida
«be + *bored*» significa «*estar* aburrido/a/s».
«be + *boring*» significa «*ser* aburrido/a/s».

MAL ⇨ My grandmother is in hospital and I'm very worrying
BIEN ⇨ My grandmother is in hospital and I'm very *worried*
→ Mi abuela está en el hospital y estoy muy preocupado
«be + *worrying*» significa «*ser preocupante/s*».
«be + *worried*» significa «*estar preocupado/a/s*».

MAL ⇨ The weather is very bad. I'm boring
BIEN ⇨ The weather is very bad. I'm *bored*
→ El tiempo es muy malo. Estoy aburrido
«be + *boring*» significa «*ser* aburrido/a/s».
«be + *bored*» significa «*estar* aburrido/a/s».

MAL ⇨ It's 40 degrees centigrade. I've got hot
BIEN ⇨ It's 40 degrees centigrade. I'*m* hot
→ Hace cuarenta grados. Tengo calor
El calor en inglés no se tiene, y, por tanto, no se usa «have got» sino «to be».

MAL ⇨ What is?
BIEN ⇨ What is *it*?
→ ¿Qué es?
Recuerda: en inglés no se deben omitir los sujetos.

HABLANDO EN PRESENTE

PRESENTE SIMPLE

☞ Con el **PRESENTE SIMPLE** se expresan cosas que **ocurren habitualmente,** pero no están sucediendo necesariamente en el momento de hablar. El presente simple expresa hechos generales y el presente continuo se refiere a hechos particulares.

Birds *sing*
Los pájaros *cantan*

People *sleep* at night
La gente *duerme* por la noche

Cats *don't like* dogs
A los gatos *no les gustan* los perros

She *doesn't live* in Cuenca
Ella *no vive* en Cuenca

Does your sister *like* animals?
¿Le gustan a tu hermana los animales?

Where *do you live?*
¿Dónde vives?

PRESENTE SIMPLE —FORMA AFIRMATIVA—		
Subjeto	**Verbo**	**Complemento**
I... We... You... They... Sue & Danny...	*... eat...*	... fish ... meat ... chips ... vegetables ... a lot ... too much ... too little ... enough ... etc.
He... She... It... Ann... Luke...	*... eats...*	

PRESENTE SIMPLE —FORMA NEGATIVA—			
Sujeto	**Auxiliar Pleno Auxiliar Contracto**	**Verbo**	**Complemento**
I... You... We... They... Bernard & Jill...	*... do not...* *... don't...*	*... eat...*	... pizza ... hamburgers ... fish ... meat ... at school ... a lot ... too much ... broccoli ... enough ... etc.
He... She... It... Emily... Patrick...	*... does not...* *... doesn't...*		

PRESENTE SIMPLE —FORMA INTERROGATIVA Y PREGUNTA CORTA—				
(Pregunta)	**do/does**	**Sujeto**	**Verbo**	**(Complemento)**
What... Why... When... Why... How... etc.	*... do...* *Do...*	I... you... we... you... they... Pamela & Jacob...	*eat?* *eat...*	... meat? ... fish? ... spinach? ... chips? ...chewing-gum? ... sweets? ... etc.
	... does... *Does...*	he... she... it... Thelma... Chris...		

RESPUESTA CORTA		
Yes o No	**Sujeto pronombre**	**Forma del auxiliar**
Yes,	I you we you they	... do
	... he... ... she... ... it...	... does
No,	... I... ... you... ... we... ... ... they...	... don't
	... he... ... she... ... it...	... doesn't

PRESENTE CONTINUO

☞ El **PRESENTE CONTINUO** se usa para expresar cosas que **están sucediendo en el momento de hablar.** Se forma con el presente del verbo **TO BE** seguido de un verbo con **«-ING»**.

FORMACIÓN DEL PRESENTE CONTINUO CON «-ING»			
verbo		**verbo + ing**	
work	trabajar	work*ing*	trabajando
eat	comer	eat*ing*	comiendo
read	leer	read*ing*	leyendo

It's raining in Berlin (now)
Está lloviendo en Berlín (ahora mismo)

It's twelve o'clock and *everybody is sleeping* (now)
Son las doce y *todo el mundo está durmiendo* (ahora mismo)

They are playing football (now)
(Ellos) *Están jugando* al fútbol (ahora mismo)

He is wearing a white T-shirt and bermudas (now)
(Él) *Lleva* una camiseta blanca y bermudas (ahora)

➪ El presente continuo **no** expresa **acciones habituales** a no ser que vaya acompañado del adverbio ALWAYS (siempre).

She *is always singing*
Ella *siempre está cantando*

➪ Verbos que **no** suelen usarse en los **tiempos continuos:**

like, dislike, love, hate, prefer, want, wish, impress, satisfy, surprise, believe, doubt, imagine, know, remember, suppose, understand, hear, smell, see, sound, taste, belong to, depend on, include, need y contain.

PRESENTE CONTINUO —FORMA AFIRMATIVA—		
Sujeto	**Forma** TO BE	**Verbo** con «-ING»
I	*'m* *am*	*eating* *drinking* *coming* *working* *writing* *leaving* *reading* *studying* *playing* *drawing* *waiting* *listening* *etc.*
You	*'re* *are*	
He She It Roger Rita	*'s* *is*	
We You They Cindy & Louis	*'re* *are*	

PRESENTE CONTINUO —FORMA NEGATIVA—		
Sujeto	**Forma** TO BE + not	**verbo** con «-ING»
I	*'m not* *am not*	*eating* *drinking* *coming* *working* *writing* *leaving* *reading* *studying* *playing* *drawing* *waiting* *listening* *etc.*
You	*aren't* *are not*	
He She It Roger Rita	*isn't* *is not*	
We You They Cindy & Louis	*aren't* *are not*	

PRESENTE CONTINUO —FORMA INTERROGATIVA—			
(Partícula interrogativa)	**Forma** TO BE	**Sujeto**	**Verbo** con «-ING»
What When Where Why etc.	*... am* *Am...*	I	*eating?* *drinking?* *coming?* *working?* *writing?* *leaving?* *reading?* *studying?* *playing?* *drawing?* *waiting?* *listening?* *etc.*
	... are *...'re* *Are...*	you	
	... is *...'s* *Is...*	he she it Jeremy Diana	
	... are *...'re* *Are...*	we you they Laura & Walter	

RESPUESTA CORTA	
Yes,	I am
	you are
	he is she is it is
	we are you are they are
No,	I'm not
	you aren't
	he isn't she isn't it isn't
	we aren't you aren't they aren't

☞ **REGLAS ORTOGRÁFICAS** para verbos terminados en **«-ING».**

➪ Si el verbo acaba en **«E»** precedida por consonate, se quita la **«E»** y se añade **«-ING»:**

take	tak*ing*
make	mak*ing*
come	com*ing*

➪ Los verbos de **una sílaba** que acaban en consonante precedida por vocal doblan la consonante final al añadirles **«-ING»:**

get	get*ting*
run	run*ning*
sit	sit*ting*
swim	swim*ming*

☞ **HAVE**. Es un verbo que tiene varios usos y significados.

➪ HAVE significa HABER y es un verbo auxiliar que ayuda a otros verbos a formar los tiempos perfectos.

➪ HAVE significa TENER y es un verbo normal (no auxiliar ni modal) que necesita el verbo DO para hacer su forma interrogativa y negativa.

➪ HAVE significa TOMAR y es un verbo normal que necesita el verbo DO para hacer su forma interrogativa y negativa. Con este verbo se hacen combinaciones con sustantivos y se obtienen verbos como:

have breakfast	desayunar
have lunch	comer
have dinner	cenar
have a shower	ducharse
have a bath	bañarse (en la bañera)
have a swim	bañarse
have a shave	afeitarse
have a nap/rest	echarse la siesta
have a haircut	cortarse el pelo
I *have lunch* at 3 o'clock	Yo como a las tres
He *doesn't have* a shower everyday	Él no se ducha todos los días
Does she *have* milk for breakfast?	¿Toma ella leche para desayunar?

☞ **MAKE**. Significa HACER, pero en el sentido de FABRICAR. Éstas son algunas de las expresiones más comunes con MAKE:

make (a) noise	hacer (un) ruido
make a complaint	presentar una queja
make a decision	tomar una decisión
make a fuss	montar una escena
make a living	ganarse la vida
make a mess	hacer una chapuza
make a suggestion	hacer una sugerencia
make a telephone call	hacer una llamada telefónica
make an effort	hacer un esfuerzo
make an excuse	poner una excusa
make an offer	hacer una oferta
make coffee/tea/etc.	hacer café/té/etc.
make friends	hacer amigos
make mistakes	cometer errores
make trouble	crear problemas
Everybody *makes* mistakes	Todo el mundo comete errores
They *didn't make* any phone calls	Ellos no hicieron llamadas teléfonicas
Does he *make* trouble at home?	¿Crea problemas en casa?

☞ **LIKE.** Significa GUSTAR. Para expresar que gusta realizar una actividad, se hace con los verbos acabados en **«-ING».**

I *like* read*ing*	Me gusta leer
He *likes* study*ing*	Le gusta estudiar
They *like* watch*ing* TV	Les gusta ver la tele
My father *doesn't like* driv*ing*	A mi padre no le gusta conducir
We *don't like* do*ing* the washing-up	No nos gusta fregar los platos
Do you *like* swimm*ing*?	¿Te gusta nadar?
Does she *like* travell*ing*?	¿Le gusta a ella viajar?
What *do* they *like* do*ing*?	¿Qué les gusta hacer?

☞ **DO.** Es un verbo auxiliar que ayuda a otros verbos a hacer oraciones interrogativas, negativas y respuestas cortas en presente y en el pasado simple (did), e imperativos negativos (Don't go!).

Do you like chips?	¿Te gustan las patatas fritas?
Yes, I *do*	Sí, me gustan
I *don't* smoke	Yo no fumo

➪ Además, DO es un verbo normal que significa HACER cuando se habla de hacer trabajos, tareas, o asignaturas:

do	hacer (en general)
do (your) homework	hacer (tus) deberes
do a drawing	hacer un dibujo
do a project	hacer un proyecto (trabajo)
do English	hacer/estudiar inglés
do mathematics	hacer/estudiar matemáticas
do the housework	hacer las tareas de la casa
do the shopping	hacer la compra
do the washing	hacer la colada
do the washing-up	fregar los platos

He *does* his homework everyday
Él hace sus deberes todos los días

They *don't do* the shopping on Mondays
Ellos no hacen la compra los lunes

Does she *do* projects at school?
¿Hace proyectos ella (o trabajos) en el colegio?

HABLANDO EN PRESENTE
☹
ERRORES COMUNES

✎ Ejemplos

MAL ➪I speak *well* English
BIEN ➪ I speak English *well*
→ (Yo) Hablo bien el inglés
Los adverbios de modo van al final de la frase.

MAL ➪ They are *liking* the film
BIEN ➪ They *like* the film
→ Les gusta (a ellos) la película
El verbo «like» no suele ir en tiempo continuo.

MAL ⇨ He *likes* swim
BIEN ⇨ He *likes* swimm*ing*
→ Le gusta (a él) nadar
El verbo «like» suele ir seguido por verbo con «-ing».

MAL ⇨ *Does* she sleep*s* eight hours?
BIEN ⇨ *Does* she sleep eight hours?
→ ¿Duerme (ella) ocho horas?
El verbo detrás de «does»no lleva «S».

MAL ⇨ *The* Sunday I play tennis
BIEN ⇨ *On* Sundays I play tennis
→ Los domingos juego al tenis
No se utiliza «the» (artículo), sino «on» (preposición).

MAL ⇨ I like basketball and he *like* football
BIEN ⇨ I like basketball and he *likes* football
→ Me gusta el baloncesto, y a él (le gusta), el fútbol
La tercera persona singular lleva «s».

MAL ⇨ She *don't* go to the theatre
BIEN ⇨ She *doesn't* go to the theatre
→ Ella no va al teatro
En la tercera persona singular se pone «doesn't» en frases negativas.

MAL ⇨ I *am* agreed with you
BIEN ⇨ I *agree* with you
→ Estoy de acuerdo (contigo)
Para decir «estar de acuerdo» en inglés, no se usa el verbo «to be».

LA VOZ PASIVA (EN PRESENTE)

☞ En inglés no hay oraciones impersonales, es decir, cada frase tiene que tener un sujeto. Cuando la **persona** que realiza la **acción no se conoce** o no queremos mencionarla, se utiliza la **VOZ PASIVA.** El resultado de la acción es más importante que quien la realiza. La pasiva se utiliza en inglés con más frecuencia que en español, debido a que no hay oraciones impersonales; todas las pasivas se pueden traducir como oraciones impersonales en español:

Bread *is sold* — Se vende pan
Shoes *are repaired* — Se arreglan zapatos

Para evitar así frases como:

they sell bread — *ellos* venden pan
somebody repairs shoes — *alguien* arregla zapatos

☞ **FORMACIÓN DE LA VOZ PASIVA: PRESENTE SIMPLE.**

Este tiempo expresa acciones que **ocurren habitualmente,** y se forma con el presente del verbo TO BE y el participio de un verbo principal.

LA VOZ PASIVA - PRESENTE SIMPLE			
Sujeto	**TO BE (PRESENTE)**	**PARTICIPIO**	**OBJETO/COMPLEMENTO**
Films	are	made	in Hollywood

➪ El participio de los verbos regulares se forma añadiendo **«-ED»** al infinitivo sin TO (paint*ed* - pintado), y el de los irregulares aparece en la tabla de verbos irregulares (véase lista de verbos irregulares, en la página 90).

Coffee *is produced* in Colombia — *Se produce* café en Colombia
Pineapples *aren't grown* in Norway — *No se cultivan* piñas en Noruega
Where *are* oranges *grown?* — ¿Dónde *se cultivan* naranjas?

☞ **FORMACIÓN DE LA VOZ PASIVA: PRESENTE CONTINUO.**

Este tiempo expresa acciones que están **ocurriendo en el momento de hablar.**
➪ Se forma con el presente del verbo TO BE + BEING y el participio de un verbo.

LA VOZ PASIVA - PRESENTE CONTINUO				
Sujeto	**TO BE (PRESENTE)**	**BEING**	**PARTICIPIO**	**OBJETO/COMPLEMENTO**
A film	is	being	made	in Hollywood (now)

The book *is being* written
Se está escribiendo el libro

There's a strike. The mail *isn't being delivered*
Hay una huelga. *No se está repartiendo* el correo

Where *is* your house *being built?*
¿Dónde te *están construyendo* la casa?

☞ **CÓMO CAMBIAR DE ACTIVA A PASIVA.**

➪ *FRASE ACTIVA: Presente simple*

Ellos imprimen este libro en España

(sujeto)	+	(verbo *principal)*	+	(objeto)	
They		*print*		*this book*	in Spain

➪ *FRASE PASIVA:*

This book		*is*		*printed*	in Spain
(sujeto)	+	(is/are)	+	(participio)	
Este libro		se imprime			en España

➪ *FRASE ACTIVA: Presente continuo*

Están reparando la estación.

(sujeto)	+	(is/are + verbo con ING)	(objeto)
They		*are repairing*	*the station*

➪ *FRASE PASIVA:*

The station		*is*		*being*		*repaired*
(sujeto)	+	(is/are)	+	(being)	+	(participio)
La estación		está		siendo		reparada

☞ **BY.** En la mayoría de las frases pasivas no se suele decir quién realiza la acción. Pero cuando se dice, aparece precedido de BY (por).

The station is being repaired *by* the Fulanito Construction Company
La estación está siendo reparada *por* la Compañía de Construcción Fulanito

➪ Algunos verbos como *say, believe, thought, consider, rumour,* etc. se pueden utilizar de modo impersonal con IT y THAT en la forma:

IT + IS + PARTICIPIO + THAT...

It is said that....	Se dice que...
It is believed that...	Se cree que...
It is thought that...	Se piensa que...
etc.	etc.

LA VOZ PASIVA			
	TIEMPO	**ACTIVA - TO WRITE**	**PASIVA - TO BE WRITTEN**
SIMPLES	**PRESENTE**	They *write* the song Ellos escriben la canción	The song *is written* La canción es escrita Se escribe la canción
	PASADO	They *wrote* the song Ellos escribieron la canción	The song *was written* La canción fue escrita Se escribió la canción
	FUTURO	They *will write* the song Ellos escribirán la canción	The song *will be written* La canción será escrita Se escribirá la canción
CONTINUOS	**PRESENTE CONTINUO**	They *are writing* the song Ellos están escribiendo la canción	The song *is being written* La canción está siendo escrita Se está escribiendo la canción
	PASADO CONTINUO	They *were writing* the song Ellos estaban escribiendo la canción	The song *was being written* La canción estaba siendo escrita La canción se estaba escribiendo
PERFECTOS	**PRESENTE PERFECTO**	They *have written* the song Ellos han escrito la canción	The song *has been written* La canción ha sido escrita La canción se ha escrito
	PASADO PERFECTO	They *had written* the song Ellos habían escrito la canción	The song *had been written* La canción había sido escrita Se había escrito la canción

LA VOZ PASIVA			
TIEMPO		**ACTIVA - TO WRITE**	**PASIVA - TO BE WRITTEN**
MODALES	**GOING TO**	They *are going to write* the song Ellos van a escribir la canción	The song *is going to be written* La canción va a ser escrita Se va a escribir la canción
	CAN	They *can write* the song Ellos pueden escribir la canción	The song *can be written* La canción puede ser escrita Se puede escribir la canción
	COULD	They *could write* the song Ellos podrían escribir la canción	The song *could be written* La canción podría ser escrita Se podría escribir la canción
	WOULD	They *would write* the song Ellos escribirían la canción	The song *would be written* La canción sería escrita Se escribiría la canción
	SHOULD	They *should write* the song Ellos deberían escribir la canción	The song *should be written* La canción debería ser escrita Se debería escribir la canción
	MAY	They *may write* the song Puede que ellos escriban la canción	The song *may be written* La canción puede ser escrita Se puede escribir la canción
	MIGHT	They *might write* the song Podrían ellos escribir la canción	The song *might be written* La canción podría ser escrita Se podría escribir la canción
	OUGHT TO	They *ought to write* the song Ellos deberían escribir la canción	The song *ought to be written* La canción debería ser escrita Se debería escribir la canción
	HAVE TO	They *have to write* the song Ellos tienen que escribir la canción	The song *has to be written* La canción tiene que ser escrita Se tiene que escribir la canción

VOZ PASIVA
☹
ERRORES COMUNES

✎ Ejemplos

MAL ⇨ I *born* in Rome
BIEN ⇨ I *was born* in Rome
→ Nací en Roma
El verbo «nacer» se expresa con la voz pasiva en inglés.

MAL ⇨ My TV *is made* in Germany
BIEN ⇨ My TV *was made* in Germany
→ Mi televisor está hecho en Alemania
Mi televisor ya está acabado; por lo tanto, es una pasiva pasada y el verbo debe ir en pasado.

MAL ⇨ Rice *is produce* in China
BIEN ⇨ Rice *is produced* in China
→ El arroz se produce en China
La pasiva se forma con el participio.

HABLANDO EN PASADO

PASADO SIMPLE

☞ Con el **PASADO SIMPLE** se expresan acciones pasadas, acabadas y a menudo localizadas en el tiempo.

We *painted* the wall yesterday	Nosotros *pintamos* la pared ayer
She *studied* the lesson at home	Ella *estudió* la lección en casa
He *was* ten years old in 1999	Él *tenía* diez años en 1999
It *was* very cold last winter	*Hizo* mucho frío el invierno pasado

☞ **EL PASADO SIMPLE CON VERBOS REGULARES (REGULAR VERBS).**

Los verbos regulares son aquellos a cuya raíz (el infinitivo sin TO) se añade la terminación «-ED» para formar el pasado.

INFINITIVO	+ED	FORMA DEL PASADO SIMPLE Y PARTICIPIO
walk	+ED	*walked*

☞ **EL PASADO SIMPLE CON VERBOS IRREGULARES (IRREGULAR VERBS).**

Son un grupo de verbos que **no** hacen su pasado añadiéndoles « ED», sino quc ticnen una forma diferente para el pasado y el participio (véase lista de verbos irregulares al final del capítulo).

INFINITIVO	FORMA DEL PASADO	FORMA DEL PARTICIPIO
give	*gave*	given
speak	*spoke*	spoken

☞ **FORMACIÓN DEL PASADO SIMPLE.**

AFIRMATIVAS	SUJETO + VERBO EN PASADO + COMPLEMENTOS
NEGATIVAS	SUJETO + DID NOT (DIDN'T) + VERBO EN INFINITIVO SIN «TO» + COMPLEMENTOS
INTERROGATIVAS	DID + SUJETO + VERBO EN INFINITIVO SIN «TO» + COMPLEMENTOS...?

Columbus *discovered* America in 1492
Colón *descubrió* América en 1492

Dickens *wrote* Hard Times
Dickens *escribió* «Tiempos difíciles»

Columbus *did not discover* Australia
Colón *no descubrió* Australia

Dickens *didn't* write «Hamlet»
Dickens *no escribió* «Hamlet»

Did Columbus *discover* New Zealand?
¿Descubrió Colón Nueva Zelanda?

Did Dickens *write* «Oliver Twist»?
¿Escribió Dickens «Oliver Twist»?

☞ **ALGUNOS COMPLEMENTOS UTILIZADOS CON EL PASADO SIMPLE.**

➪ **AGO.** Significa HACE y se pone después de la cantidad de tiempo; nunca antes. En español, sin embargo, se coloca delante:

two months *ago*	*hace* dos meses
ten minutes *ago*	*hace* diez minutos

➪ **LAST.** Significa PASADO O ÚLTIMO. Se combina con meses del año, días de la semana, y con las palabras WEEK, WEEKEND, CHRISTMAS, EASTER, MONTH, YEAR.

last year	el año *pasado*
last Thursday	el jueves *pasado*

➪ **DURING.** Significa DURANTE, O EN, en algunos casos. Se utiliza para hablar de períodos de tiempo ya pasados.

during the war	*durante* la guerra
during the summer	*durante* el verano

➪ **USED TO.** Significa SOLÍA y se utiliza para hablar de hábitos pasados. Cosas que se hicieron muchas veces en el pasado y ya no se realizan más. Se forma con:

USED TO		
Sujeto	**USED TO**	**INFINITIVO SIN TO**
I, you, he, she, we, you, they, the dog, the cat, Victoria, Harold, etc.	USED TO (solía)	sing dance eat... like... live...

✎ **NOTA.** WHO/WHAT

Para preguntar quién hizo la acción, no se utiliza el auxiliar DID. Se pone WHO/WHAT (¿Quién?/¿Qué?) más el verbo en pasado y el complemento (si lo hay). Es decir, no utilizamos el verbo auxiliar DID cuando la incógnita se encuentra en el sujeto.

Who painted «Las Meninas»?	¿Quién pintó «Las Meninas»?
What happened?	¿Qué pasó?

PASADO CONTINUO

☞ El **PASADO CONTINUO** se utiliza para expresar lo que estaba ocurriendo en un preciso momento en el pasado.

☞ Se forma con el pasado del verbo TO BE y un verbo acabado en «-ING».

AFIRMATIVAS	SUJETO + WAS/WERE + VERBO CON «-ING»
NEGATIVAS	SUJETO + WAS NOT/WERE NOT + VERBO CON «-ING» SUJETO + WASN'T/WEREN'T + VERBO CON «-ING»
INTERROGATIVAS	WAS/WERE + SUJETO + VERBO CON «-ING»...?

The birds *were singing*
Los pájaros *estaban cantando*
Los pájaros *cantaban*

What were you *doing* yesterday at ten o'clock?
¿Qué *estabas haciendo* ayer a las diez?

I *was watching* TV
Estaba viendo la tele

☞ **USO DEL PASADO CONTINUO.**

➩ Para hacer descripciones en el pasado:

She was wearing a pink dress	Llevaba un vestido rosa
It was raining	Llovía

➩ Suele encontrarse en oraciones descriptivas acompañado de WHILE (mientras) para hablar de acciones simultáneas:

The dog was sleeping *while* I was working
El perro dormía *mientras* yo trabajaba

➩ Suele encontrarse en oraciones junto con el pasado simple acompañado de WHEN (cuando). En estas oraciones el pasado continuo expresa una acción larga que es interrumpida por otra más corta (pasado simple):

I was painting *when* Ronald came
Estaba pintando *cuando* vino Ronald

➩ Para expresar intención en el pasado:

I was going to buy the book, but they didn't have it
Iba a comprar el libro, pero no lo tenían

↳ **NOTA.** Hay verbos que no se suelen usar en los tiempos continuos. Son, principalmente: like, dislike, love, hate, prefer, want, wish, impress, satisfy, surprise, believe, doubt, imagine, know, remember, suppose, understand, hear, smell, see, sound, taste, belong to, depend on, include, need, y contain.

PRESENTE PERFECTO

☞ El **PRESENTE PERFECTO** se usa para expresar acciones que ocurrieron **en el pasado,** y **la acción en sí es más importante que cuándo ocurrió.** No se ponen con el presente perfecto adverbios de tiempo concretos. Si se quiere decir cuándo ocurrió algo en el pasado, se utiliza el pasado simple.

☞ Se forma con el verbo TO HAVE seguido del participio.

☞ **FORMACIÓN DEL PRESENTE PERFECTO.**

AFIRMATIVAS	SUJETO + HAVE/HAS + PARTICIPIO
NEGATIVAS	SUJETO + HAVE NOT/HAS NOT + PARTICIPIO SUJETO + HAVEN'T/HASN'T + PARTICIPIO
INTERROGATIVAS	HAVE/HAS + SUJETO + PARTICIPIO...?

☞ **USO DEL PRESENTE PERFECTO.**

➪ Para expresar acciones que ocurrieron en el pasado, y la acción en sí es más importante que cuándo ocurrió:

I *have eaten* moussaka — *He comido* moussaka

➪ Para expresar una acción que empezó en el pasado y todavía no ha acabado:

He *has lived* here all his life — *Ha vivido* aquí toda su vida
Vive aquí toda la vida

➩ Para expresar una acción que sucedió en el pasado y puede que se vuelva a repetir en el futuro:

Arsenal *have won* a lot of matches
El Arsenal *ha ganado* muchos partidos

➩ Para acciones que se acaban de realizar. En este caso se suele utilizar este tiempo acompañado de JUST:

I've *just* seen an accident *Acabo de* ver un accidente

☞ **ALGUNOS COMPLEMENTOS UTILIZADOS CON EL PRESENTE PERFECTO.**

➩ **EVER** y **NEVER.** Se utiliza con EVER para destacar la idea de haber realizado esta acción alguna vez o nunca. EVER significa ALGUNA VEZ en frases interrogativas, y NUNCA, en frases afirmativas e interrogativas:

Have you *ever* seen the Queen?
¿Has visto *alguna vez* a la reina?

It's the best book I've *ever* read
Es el mejor libro que he leído *nunca*

I haven't *ever* seen a kangaroo
Nunca he visto un canguro

Esta forma negativa es menos usual. Se suele utilizar NEVER y el verbo en forma afirmativa:

She has *never* seen a kangaroo
Ella *nunca* ha visto un canguro

They have *never* been to Cambridge
Ellos *nunca* han estado en Cambridge

➩ **HOW LONG.** Significa (DURANTE) CUÁNTO TIEMPO y se usa para preguntar el tiempo que dura o ha durado algo:

How long have you known Carolyn?
¿Desde hace *cuánto tiempo* conoces a Carolyn?

➪ **SINCE** y **FOR.** Se utilizan para expresar una acción que empezó en el pasado y continúa en el presente.

FOR se utiliza para expresar la cantidad de tiempo que ha durado la acción hasta el presente:

I've known Carolyn *for* ten years
Conozco a Carolyn *desde hace* diez años

SINCE significa DESDE e indica cuándo empezó la acción:

I've known Carolyn *since* 1992
Conozco a Carolyn *desde* 1992

➪ **YET** y **ALREADY.** También se pueden utilizar con este tiempo. Generalmente, ALREADY significa YA y se utiliza en frases afirmativas:

She's *already* done her homework
(Ella) *Ya* ha hecho sus deberes

En cambio, YET se utiliza en frases negativas e interrogativas. En oraciones negativas significa AÚN y en interrogativas significa YA.

Have you seen that film *yet*?	Has visto *ya* esa película
I haven't seen that film *yet*	No he visto *aún* esa película

PRESENTE PERFECTO CONTINUO

☞ El **PRESENTE PERFECTO CONTINUO** expresa acciones temporales o no permanentes que empezaron en el pasado y han seguido realizándose de forma continuada hasta el presente. Su uso es igual al del pretérito perfecto continuo en español.

☞ Se forma con HAVE seguido del participio del TO BE y el verbo con «-ING».

☞ **FORMACIÓN DEL PRESENTE PERFECTO CONTINUO.**

AFIRMATIVAS	SUJETO + HAVE/HAS + BEEN + VERBO CON «ING»
NEGATIVAS	SUJETO + HAVE NOT/HAS NOT + BEEN + VERBO CON «-ING» SUJETO + HAVEN'T/HASN'T + BEEN + VERBO CON «-ING»
INTERROGATIVAS	HAVE/HAS + SUJETO + BEEN + VERBO CON «ING»...?

He *has been listening* to the same music all day
Él *lleva escuchando* la misma música todo el día

Sorry I'm late. How long *have* you *been waiting?*
Lo siento, llego tarde. ¿Cuánto tiempo *llevas esperando?*

PASADO PERFECTO

☞ El **PASADO PERFECTO** se utiliza cuando se habla de un hecho pasado y se quiere mencionar acontecimientos anteriores a este hecho. El pasado perfecto aparece con frecuencia en el estilo indirecto. Su uso es igual al del pretérito pluscuamperfecto en español.

☞ **FORMACIÓN DEL PASADO PERFECTO.**

AFIRMATIVAS	SUJETO + HAD + PARTICIPIO
NEGATIVAS	SUJETO + HAD NOT + PARTICIPIO SUJETO + HADN'T + PARTICIPIO
INTERROGATIVAS	HAD + SUJETO + PARTICIPIO...?

He studied German when he was twenty-five but before that *he had studied* English
Él estudió alemán a los veinticinco, pero antes *había estudiado* inglés

She was tired because she *hadn't slept* the night before
Ella estaba cansada porque *no había dormido* la noche antes

PASADO PERFECTO CONTINUO

☞ El **PASADO PERFECTO CONTINUO** es igual al del pasado perfecto, pero para hablar de acciones temporales. Se utiliza como el pretérito pluscuamperfecto continuo en español.

☞ **FORMACIÓN DEL PASADO PERFECTO CONTINUO.**

AFIRMATIVAS	SUJETO + HAD + BEEN + VERBO CON «-ING»
NEGATIVAS	SUJETO + HAD NOT + BEEN + VERBO CON «-ING» SUJETO + HADN'T + BEEN + VERBO CON «-ING»
INTERROGATIVAS	HAD + SUJETO + BEEN + VERBO CON «-ING»...?

She went to work at nine but before that she *had been picking* strawberries in her garden
(Ella) Se fue a trabajar a las nueve, pero antes *había estado recogiendo* fresas en su jardín

He wasn't hungry because he *had been eating* sweets all morning
(Él) no tenía hambre porque *había estado comiendo* caramelos toda la mañana

LA VOZ PASIVA (PASADO SIMPLE)

☞ Expresa acciones acabadas en las que la persona que realiza la acción no es importante, no la conocemos o sólo queremos mencionarla de manera secundaria.

Sujeto pasivo + was/were + participio + (objeto y/o complemento) + (by + realizador)

My watch *was made* in Europe
Mi reloj *se fabricó* en Europa

«The Magic Flute» *was composed* by Mozart
«La Flauta Mágica» *fue compuesta* por Mozart

✎ **NOTA.** Para decir que alguien nació se utiliza la voz pasiva.

I *was born* in 1993 — *Nací* en 1993

☞ **LA VOZ PASIVA CON DOS OBJETOS.**

En las frases activas con objeto directo e indirecto es más común colocar el objeto indirecto como el sujeto de la frase pasiva. La otra forma es aceptable, **pero** observa que cuando el objeto directo sirve como sujeto de la frase pasiva, se utiliza «TO» para introducir el objeto indirecto. Esta forma se emplea a menudo para enfatizar.

ACTIVA CON DOS OBJETOS				
SUJETO	**VERBO**	**OBJETO INDIRECTO**	**OBJETO DIRECTO**	
My parents	gave	me	two books	
PASIVA CON DOS OBJETOS				
SUJETO	**WAS/WERE**	**PARTICIPIO**	**OBJETO**	**(BY + AGENTE)**
I	was	given	two books	(by my parents.)
Two books	were	given	*to*	me (by my parents.)

HABLANDO EN PASADO
☹
ERRORES COMUNES

✎ Ejemplos

MAL ⇨ Mary *didn't has* time to play
BIEN ⇨ Mary *didn't have* time to play
→ María no ha tenido tiempo para jugar
«Didn't» va seguido de infinitivo sin «to».

MAL ⇨ They *didn't were* students
BIEN ⇨ They *weren't* students
→ Ellos no fueron estudiantes
El verbo «to be» no necesita «did» ni «didn't».

MAL ⇨ Pedro *was* to Madrid yesterday
BIEN ⇨ Pedro *went* to Madrid yesterday
→ Pedro fue a Madrid ayer
Es fácil confundir «fue», del verbo ser, con «fue» del verbo ir. El pasado de «ir» («to go») en inglés es «went».

MAL ⇨ He *slepts* well last night
BIEN ⇨ He *slept* well last night
→ (Él) Durmió bien anoche
No se pone «s» en las terceras personas singulares en el pasado.

MAL ⇨ When did you *bought* your shoes?
BIEN ⇨ When did you *buy* your shoes?
→ ¿Cuándo compraste tus zapatos?
MAL ⇨ He didn't *wrote* to me
BIEN ⇨ He didn't *write* to me
→ (Él) No me escribió
No se pone «didn't» seguido de otro pasado.

MAL ⇨ She did not *had* any money
BIEN ⇨ She did not *have* any money
→ (Ella) No tenía nada de dinero
Después del verbo auxiliar «did» se usa la forma infinitivo sin «to» del verbo principal.

MAL ⇨ I *saw to* my girlfriend last night
BIEN ⇨ I *saw* my girlfriend last night
→ Vi a mi novia anoche
El verbo «to see» no lleva preposición.

MAL ⇨ She *studies* English since 1995
BIEN ⇨ She *has studied* English since 1995
→ (Ella) Ha estudiado inglés desde 1995
Se utiliza el presente perfecto para expresar acciones que empezaron en el pasado y siguen realizándose en el presente.

MAL ⇨ He *has been* to Germany *last summer*
BIEN ⇨ He *went* to Germany *last summer*
→ (Él) Fue a Alemania el verano pasado
El presente perfecto no lleva adverbios de tiempo concretos. Nunca expresa cuándo se realizó la acción exactamente.

MAL ⇨ The cat has *eat*
BIEN ⇨ The cat has *eaten*
→ El gato ha comido
MAL ⇨ What have you *do*?
BIEN ⇨ What have you *done*?
→ ¿Qué has hecho?
MAL ⇨ She has *went* to Madrid
BIEN ⇨ She has *gone* to Madrid
→ (Ella) Se ha ido a Madrid
El presente perfecto se forma con «have/has» más participio.

MAL ⇨ Be careful! *I just painted* the door
BIEN ⇨ Be careful! *I have just painted* the door
→ ¡Ten cuidado! Acabo de pintar la puerta
Se usa el presente perfecto con «just» para acciones que se han hecho recientemente. Falta «have».

MAL ⇨ I *was telephoning* him six times
BIEN ⇨ I *telephoned* him six times
→ Le he telefoneado 6 veces
Llamar es una acción corta y no se expresa con pasado simple.

MAL ⇨ When the telephone rang *I was seeing* TV
BIEN ⇨ When the telephone rang *I was watching* TV

→ Cuando sonó el teléfono estaba viendo la tele
El verbo «to see» no se suele usar con continuos.

MAL ⇨ How long *have you been knowing* him?
BIEN ⇨ How long *have you known* him?
→ ¿Cuánto tiempo hace que le conoces?
Con el verbo «know» no se suele utilizar en tiempos continuos.

MAL ⇨ I *know* Kelly for five years
BIEN ⇨ I *have known* Kelly for five years
→ Conozco a kelly desde hace cinco años
La acción empezó en el pasado y aún continúa. El tiempo adecuado es el presente perfecto.

MAL ⇨ The teacher *has talked* to my mother since five o'clock
BIEN ⇨ The teacher *has been talking* to my mother since five o'clock
→ El profesor lleva hablando con mi madre desde las cinco
La importancia está en la cantidad de tiempo que lleva hablando, no en el simple hecho de hablar.

MAL ⇨ Sharon must be bald by now as she *has dyed* her hair for three hours
BIEN ⇨ Sharon must be bald by now as she *has been dying* her hair for three hours
→ Sharon ya debe estar calva, porque ha estado secándose el pelo durante tres horas
La diferencia entre el presente perfecto y el presente perfecto continuo es que este último enfatiza la duración de la acción temporal.

MAL ⇨ There was once a little girl whose mother *have* died
BIEN ⇨ There was once a little girl whose mother *had* died
→ Había una vez una niñita cuya madre había muerto
Se usa el pasado perfecto para hacer referencias a hechos anteriores al pasado en el cual se establece la frase.

MAL ⇨ My television *is* made in Japan
BIEN ⇨ My television *was* made in Japan
→ Mi televisor ha sido hecho en Japón
El televisor es un aparato ya terminado; no se fabrica tu televisor todos los días. Se debe utilizar una pasiva pasada.

CUADROS RESUMEN DE LA FORMACIÓN DEL PASADO

PASADO SIMPLE						
FORMA AFIRMATIVA			**FORMA NEGATIVA**			
Sujeto	**Verbo**	**(Objeto)**	**Sujeto**	**didn't o did not**	**Verbo**	**(Objeto)**
* (cualquier sujeto singular o plural)	*ate* (cualquier verbo regular o irregular en pasado)	fish (complemento si hay)	* (cualquier sujeto singular o plural)	*didn't* o *did not*	*eat* (cualquier verbo regular o irregular en infinitivo sin TO)	rice (complemento si hay)

PREGUNTA CORTA				RESPUESTA CORTA		
Did (+) o Didn't (–)	**Sujeto**	**Verbo**	**(Objeto)**	**Yes, No,**	**Sujeto**	**did (+) o didn't (–)**
Did *Didn't*	* (cualquier sujeto singular o plural)	eat (cualquier verbo regular o irregular en infinitivo sin TO)	pizza? (complemento si hay)	Yes, No,	(pronombre)	did didn't

FORMA INTERROGATIVA GENERAL				
Partícula interrogativa	**did o didn't**	**Sujeto**	**Verbo**	**(Objeto)**
Why When etc.	*did* *didn't*	* (cualquier sujeto singular o plural)	*eat...* (cualquier verbo regular o irregular en infinitivo sin TO)	fish? (complemento si hay)

ORTOGRAFÍA

FORMACIÓN DE LAS TERMINACIONES «-ED» Y «-ING»	
Verbo +ING	**Verbo +ED**
play - play*ing* read - read*ing* play - play*ing* ask - ask*ing* end - end*ing* buy - buy*ing* fall - fall*ing*	play - play*ed* walk - walk*ed* look - look*ed* open - open*ed* alter - alter*ed* zoom - zoom*ed* jump - jump*ed*
E final	**E final**
lov**e** - loving bit**e** - biting hop**e** - hoping	close - close**d** love - love**d** dine - dine**d**
Terminación Con + Voc + Con	**Terminación Con + Y**
hop - ho**pp**ing sit - si**tt**ing rob - ro**bb**ing	marry - marr**i**ed study - stud**i**ed spy - sp**i**ed
Terminación IE = Y + ing	**Terminación Con + Voc + Con**
d**ie** - d**y**ing l**ie** - l**y**ing t**ie** - t**y**ing	plan - pla**nn**ed trap - tra**pp**ed rob - ro**bb**ed
Casos especiales	**Casos especiales**
travel - trave**ll**ing panic - pani**ck**ing	travel - trave**ll**ed picnic - pini**ck**ed

FONÉTICA

PRONUNCIACIÓN DE LAS TERMINACIONES «-ED»	
ED = /id/	
Verbos terminados en -TED pos**ted** star**ted** edi**ted** etc.	Verbos terminados en -DED nee**ded** lan**ded** explo**ded** etc.
Las terminaciones «-TED» o «-DED» se pronuncian casi como se escriben. Es decir, la «E» en «**te**d» y «**de**d» suena, pero poco. En todas las demás terminaciones, la «E» es muda.	
ED = /t/	**ED = /d/**
ED precedido por sonidos sordos: wat**ch**ed wa**sh**ed sto**pp**ed atta**ck**ed (con sonido /s/) pa**ss**ed dan**c**ed fi**x**ed (con sonido /f/) sni**ff**ed photogra**ph**ed lau**gh**ed	Las demás terminaciones (con sonido sonoro + ED») ru**bb**ed, fr**ee**ed, chan**g**ed, cr**i**ed, fi**ll**ed, see**m**ed, retur**n**ed, ch**o**ed, bo**r**ed, que**u**ed, u**s**ed*, sa**v**ed, ro**w**ed, pla**y**ed, ama**z**ed *pero sólo cuando la «S» es sonora.

LOS VERBOS IRREGULARES

INFINITIVO	PASADO	PARTICIPIO	TRADUCCIÓN
be	was/were	been	ser, estar
bear	bore	born	nacer, parir, portar, soportar, producir
beat	beat	beaten	vencer, derrotar, maltratar, golpear
become	became	become	hacerse, convertirse en, llegar a ser
begin	began	begun	comenzar, empezar, iniciar
bend	bent	bent	doblar, torcer
bet	bet	bet	apostar
bid	bid	bid	pujar (subastas), ofrecer
bind	bound	bound	atar, liar
bite	bit	bitten	morder, picar
bleed	bled	bled	sangrar
blow	blew	blown	soplar, hacer volar
break	broke	broken	romper
breed	bred	bred	criar, educar, engendrar
bring	brought	brought	traer, llevar consigo
broadcast	broadcast	broadcast	emitir (radio, TV)
build	built	built	edificar, construir
burn	burnt	burnt	quemar, arder, abrasar
burst	burst	burst	reventar, estallar
buy	bought	bought	comprar, invitar
catch	caught	caught	coger, coger (transporte), coger (en el aire), atrapar, cazar
choose	chose	chosen	elegir, escoger, seleccionar
cling	clung	clung	agarrarse a, pegarse a
come	came	come	venir

INFINITIVO	PASADO	PARTICIPIO	TRADUCCIÓN
cost	cost	cost	costar
creep	crept	crept	arrastrarse, deslizarse
cut	cut	cut	cortar, partir, dividir
deal	dealt	dealt	tratar con, hacer frente a
dig	dug	dug	cavar, excavar
do	did	done	hacer
draw	drew	drawn	dibujar, atraer
dream	dreamt	dreamt	soñar
drink	drank	drunk	beber
drive	drove	driven	conducir
eat	ate	eaten	comer, tomar, consumir
fall	fell	fallen	caer(se)
feed	fed	fed	alimentar, dar de comer a
feel	felt	felt	sentir
fight	fought	fought	luchar, batirse con
find	found	found	encontrar
flee	fled	fled	huir
fling	flung	flung	arrojar, tirar, lanzar
fly	flew	flown	volar, pilotar (aviones)
forbid	forbade	forbidden	prohibir
forget	forgot	forgotten	olvidar(se) de
forgive	forgave	forgiven	perdonar
freeze	froze	frozen	congelar, helar
get	got	got	conseguir, obtener, recoger, coger, comprar
give	gave	given	dar
go	went	gone	ir
grind	ground	ground	moler

INFINITIVO	PASADO	PARTICIPIO	TRADUCCIÓN
grow	grew	grown	crecer, cultivar, plantar
hang	hung	hung	colgar
have	had	had	haber, tener, tomar
hear	heard	heard	oír
hide	hid	hidden	esconder, ocultar
hit	hit	hit	golpear, pegar, chocar contra, dar contra, alcanzar
hold	held	held	sostener, sujetar en la mano, agarrar (sujetar), aguantar
hurt	hurt	hurt	herir, hacer mal a, lastimar
keep	kept	kept	guardar, mantener, conservar, seguir haciendo, atenerse a
kneel	knelt	knelt	arrodillarse
knit	knit	knit	hacer punto
know	knew	known	saber, conocer a gente
lay	laid	laid	colocar, poner
lead	led	led	guiar, dirigir, conducir hasta
lean	leant	leant	apoyarse (en), apoyar algo contra algo, inclinar, presionar
leap	leapt	leapt	saltar
learn	learnt	learnt	aprender
leave	left	left	marcharse, dejar, salir, abandonar, partir
lend	lent	lent	prestar, dejar
let	let	let	permitir, dejar
lie	lay	lain	tumbar, yacer, situarse
light	lit	lit	encender, iluminar
lose	lost	lost	perder
make	made	made	fabricar, crear, construir, elaborar, formar

INFINITIVO	PASADO	PARTICIPIO	TRADUCCIÓN
mean	meant	meant	querer decir, significar
meet	met	met	encontrarse (con gente), conocer (a gente)
mow	mowed	mown	segar, cortar césped
pay	paid	paid	pagar
put	put	put	poner, colocar
read	read	read	leer, interpretar
rid	rid	rid	librarse de, estar libre de
ride	rode	ridden	montar, cabalgar
ring	rang	rung	llamar, sonar, telefonear
rise	rose	risen	elevar, aumentar, levantarse
run	ran	run	correr, dejar correr
saw	sawed	sawn	serrar
say	said	said	decir, comentar
see	saw	seen	ver, entender
seek	sought	sought	buscar
sell	sold	sold	vender
send	sent	sent	enviar, mandar
set	set	set	poner (en marcha), situar
sew	sewed	sewn	coser
shake	shook	shaken	temblar, agitar, hacer temblar
shine	shone	shone	brillar
shoot	shot	shot	disparar (contra), tirar, rodar
show	showed	shown	mostrar, enseñar
shrink	shrank	shrunk	encoger, contraer
shut	shut	shut	cerrar
sing	sang	sung	cantar
sink	sank	sunk	hundirse, irse a pique

INFINITIVO	PASADO	PARTICIPIO	TRADUCCIÓN
sit	sat	sat	sentarse
sleep	slept	slept	dormir
slide	slid	slid	deslizarse, resbalar(se)
slit	slit	slit	rajar, hendir
smell	smelt	smelt	oler
sow	sowed	sown	sembrar
speak	spoke	spoken	hablar, decir
speed	sped	sped	ir a velocidad, darse prisa, apresurarse
spell	spelt	spelt	deletrear
spend	spent	spent	gastar (dinero), pasar (tiempo)
spill	spilt	spilt	derramar
spin	spun	spun	girar, dar vueltas
spit	spat	spat	escupir
split	split	split	partir (en dos)
spoil	spoilt	spoilt	echar a perder, estropear, mimar
spread	spread	spread	extender, untar
stand	stood	stood	estar de pie
steal	stole	stolen	robar, birlar, hurtar
stick	stuck	stuck	pegar (con pegamento), atascar
sting	stung	stung	picar
stink	stank	stunk	apestar
strike	struck	struck	golpear, descubrir, hacer huelga, pegarle a
swear	swore	sworn	jurar, prestar juramento, decir palabrotas
sweat	sweat	sweat	sudar
sweep	swept	swept	barrer
swell	swelled	swollen	hinchar, abultar
swim	swam	swum	nadar

INFINITIVO	PASADO	PARTICIPIO	TRADUCCIÓN
swing	swung	swung	columpiar, balancearse
take	took	taken	coger, llevar, tomar (fotos), tardar
teach	taught	taught	enseñar, instruir
tear	tore	torn	rasgar, desgarrar
tell	told	told	contar, decir, informar, comunicar
think	thought	thought	pensar, creer (opinión, no fe)
throw	threw	thrown	tirar, lanzar, arrojar, echar
understand	understood	understood	entender, comprender
upset	upset	upset	volcar, trastornar, alterar, perturbar
wake	woke	woken	despertar(se)
wear	wore	worn	llevar puesto, traer puesto
weave	wove	woven	tejer, trenzar, entrelazar
wed	wed	wed	casarse con
weep	wept	wept	llorar
wet	wet	wet	mojar, humedecer
win	won	won	ganar (premios), triunfar
wind	wound	wound	dar cuerda, enrollar
wring	wrung	wrung	retorcer, torcer
write	wrote	written	escribir

HABLANDO EN FUTURO

☞ Se utilizan las siguientes tiempos **PARA EXPRESAR FUTURO:**

- ➪ presente continuo
- ➪ futuro con GOING TO
- ➪ futuro con WILL
- ➪ futuro continuo
- ➪ la voz pasiva

PRESENTE CONTINUO

☞ El tipo de acciones futuras que se expresan con **PRESENTE CONTINUO** son las programadas e inminentes y de las cuales existe la seguridad de que se van a realizar a la hora prevista. A menudo se trata de acciones ya planeadas y pactadas o concertadas de antemano con otras personas.

What *are* you *doing* on Saturday afternoon?
¿Qué *haces* el sábado por la tarde?

I'm having a party
Tengo una fiesta

✎ Ejemplo:

(Hoja de la agenda de un ejecutivo.)

Monday morning — 9 o'clock, meet Mr. Smith
— 10 o'clock, visit the new factory
— 12 o'clock, fly to London

Es jueves y este mismo ejecutivo le está explicando a un amigo lo que hará el lunes. Lo explicaría de esta manera:

On Monday at 9 o'clock, I'm meeting Mr. Smith. At 10, I'm visiting the new factory and at 12 o'clock, I'm flying to London
El lunes a las nueve me reúno con el señor Smith. A las diez, visito la nueva fábrica y a las doce vuelo a Londres

✎ Ejemplo:

La familia Smith va a dar una cena esta noche o mañana por la noche. La señora Smith le está diciendo a su marido las personas que van a asistir...

The Brown's are coming and Gloria Moreno is coming
Vienen los Brown y Gloria Moreno viene

En este caso, la hora y el día en que asistirán estas personas se sobreentiende, y su asistencia ha sido confirmada.

↳ **NOTA.** Con el presente continuo no se hacen predicciones.

FUTURO CON BE + GOING TO

☞ **BE + GOING TO** expresa acciones futuras que se ven venir.

It's very cloudy. It'*s going to* rain
Está muy nublado. *Va a* llover

She's studying medicine. She'*s going to* be a doctor
Ella está estudiando medicina. *Va a* ser médico

You work a lot. You'*re going to* pass the subject
Trabajas mucho. *Vas a* aprobar la asignatura

➪ Expresa que existe la intención de realizar una acción en el futuro.

I'*m going to* be a pilot
Voy a ser piloto

We'*re going to* visit Paris next year
Vamos a visitar París el año que viene

Eleanor *is going to* study law
Eleanor *va a* estudiar derecho

I'*m not going to* smoke anymore
No voy a fumar más

➪ No hace falta decir GOING TO GO. Con GOING TO se sobreentiende.

We'*re going to* go to the mountains
Vamos a ir a las montañas

We'*re going to* the mountains ⇦ **MEJOR**
Vamos a las montañas

➪ Tampoco hace falta decir GOING TO COME. Con COMING se sobreentiende.

I *am going to* come home late tonight
Voy a volver a casa tarde esta noche

I'*m coming* home late tonight ⇦ **MEJOR**
Vuelvo a casa tarde esta noche

FUTURO CON GOING TO (FORMA AFIRMATIVA)			
Sujeto	**BE**	**GOING TO**	**VERBO (complemento)**
I	*am/'m*		
You	*are/'re*		
He She It	*is/'s*	*going to*	visit London buy a book
We You They	*are/'re*		

FUTURO CON GOING TO (FORMA NEGATIVA)			
Sujeto	**BE + NOT**	**GOING TO**	**VERBO (complemento)**
I	*'m not (am not)*		
You	*aren' t (are not)*		
He She It	*isn't (is not)*	*going to*	visit London buy a book
We You They	*aren' t (are not)*		

FUTURO CON GOING TO (FORMA INTERROGATIVA)			
BE	**SUJETO**	**GOING TO**	**VERBO (complemento)**
Am	I		
Are	you		
Is	he she it	*going to*	visit London? buy a book?
Are	we you they		

FUTURO CON WILL

☞ La construcción con **WILL** se usa para hablar, predecir u opinar sobre lo que pasará en el futuro. A menudo va acompañado con expresiones como (I think..., I believe..., I suppose..., etc.).

There *will be* cities under the sea
Habrá ciudades debajo del mar

Solar energy *will be* common everywhere
La energía solar *será* común en todas partes

People *will learn* Chinese at school
La gente *aprenderá* chino en el colegio

➪ Para expresar decisiones espontáneas tomadas en el momento de hablar:
I think I'*ll study* architecture
Creo que *estudiaré* arquitectura

➪ Para expresar promesas sobre el futuro:
I'*ll help* you on Saturday — Te *ayudaré* el sábado
I *won't do* it again — *No lo volveré* a hacer

EL FUTURO CON WILL FORMA AFIRMATIVA

SUJETO	WILL	VERBO
I We	*will (o shall)* *'ll*	go
You, He, She, It, Julie, You, They	*will* *'ll*	

EL FUTURO CON WILL FORMA NEGATIVA

SUJETO	WILL NOT/WON'T	VERBO
I, You, He, She, It, Teresa, We, You, They	*won't* *will not*	go

EL FUTURO CON WILL FORMA INTERROGATIVA

WILL	SUJETO	VERBO
Will *(Shall)*	I we	go?
Will	you, he, she, it, Phillip, you, they	

EL FUTURO CON WILL FORMA RESPUESTA CORTA

YES/NO	SUJETO	VERBO
Yes,	I, you, he, she, etc.	*will*
No,	I, you, he, she, etc.	*won't*

EL FUTURO SIMPLE CON LA VOZ PASIVA

☞ Sirve para expresar acciones que sucederán en el futuro, pero se desconoce o no es importante quién o quiénes las ejecutarán.

Roads *will be built* — *Se construirán* nuevas carreteras
The school *will be painted* — *Se pintará* la escuela
When *will it be* done? — ¿Cuándo se *hará?*

LA PASIVA FUTURO SIMPLE		
FORMA AFIRMATIVA		
SUJETO	**WILL BE**	**PARTICIPIO**
Roads	*will be*	*built*
The school	*'ll be*	*painted*
FORMA NEGATIVA		
SUJETO	**WILL NOT BE**	**PARTICIPIO**
Roads	*will not be*	*built*
The school	*won't be*	*painted*

FORMA INTERROGATIVA			
WILL	**SUJETO**	**BE**	**PARTICIPIO**
Will	roads	*be*	*built?*
	the school		*painted?*

HABLANDO EN FUTURO
☹
ERRORES COMUNES

✎ Ejemplos

MAL ⇨ This Sunday I *play* tennis
BIEN ⇨ This Sunday I'*m playing* tennis
→ Este domingo juego al tenis
MAL ⇨ What *do you do* tomorrow morning?
BIEN ⇨ What *are you doing* tomorrow morning?
→ ¿Qué haces mañana por la mañana?
Con acciones futuras y programadas se utiliza el presente continuo.

MAL ⇨ I *will to see* you tonight
BIEN ⇨ I *will see* you tonight

→ Te veré esta noche
«Will» va seguido por un infinitivo sin «to».

MAL ⇨ Be careful you *fall*
BIEN ⇨ Be careful! You *will fall*
→ ¡Ten cuidado! Te caerás
«Will» se utiliza para predecir.

MAL ⇨ I*'m going to go* to my home
BIEN ⇨ I*'m going* home
→ Me voy a casa
MAL ⇨ The teacher *is going to go to help* you
BIEN ⇨ The teacher *is going to help* you
→ El profesor va a ayudarte
No hace falta decir «going to go». Se sobrentiende.

MAL ⇨ He knows a lot. He *is passing* the exam
BIEN ⇨ He knows a lot. He*'s going to pass* the exam
→ Él sabe un montón. (Él) Va a aprobar el examen
El presente continuo expresa acciones futuras programadas. No sirve para hacer predicciones.

GERUNDIOS E INFINITIVOS CON «TO» O SIN «TO»

GERUNDIOS

☞ Algunos verbos van seguidos de **GERUNDIO**. El gerundio se forma añadiendo al verbo la terminación «-ING».

☞ **USO.** Se usa como sustantivo. No forma tiempos. Su uso dentro de la frase depende de que lo que preceda sea un verbo determinado, una preposición, etc., o se refiera a una actividad en general.

GERUNDIOS **CASOS ESPECÍFICOS I**	
SE USA EL VERBO CON «-ING»	**EJEMPLOS**
después de los VERBOS que en general EXPRESAN ACTITUD HACIA UNA ACTIVIDAD (love, hate, detest, dread, loathe, like, feel like, fancy, fear, resent, enjoy, mind, miss, can't/couldn't stand, etc.)	I *like playing* tennis Me gusta jugar al tenis
después de ADMIT (admitir haber hecho...) y DENY (negar haber hecho...)	They *admitted/denied robbing* the bank (Ellos) Admitieron/negaron haber robado el banco
después de AVOID (evitar)	The politician *avoided talking* to the reporters Los políticos evitaron hablar con los periodistas
después de BE WORTH O WORTH(WHILE) (valer la pena...)	It's *worth*(*while*) *saving* for the future Vale la pena ahorrar para el futuro

SE USA EL VERBO CON «-ING»	EJEMPLOS
después de BUSY (ocupado/a/s)	She's *busy working* (Ella) Está ocupada trabajando
después de CAN'T HELP (no poder evitar) o COULDN'T HELP (no podía evitar)	I've got an allergy. I *can't help sneezing* Tengo alergia. No puedo evitar estornudar
después de CATCH (pillar, sorprender a alguien)	I *caught* him *robbing* your bike Le pillé robando tu bici
como SUJETO DE UNA FRASE	*Smoking* is bad for you Fumar es malo para ti
después de THE en expresiones genéricas formadas con verbos	*The living...* Los vivos...
después de GO (ir de...)	*go shopping, fishing, bowling* ir de compras, etc.
en algunas EXPRESIONES IDIOMÁTICAS	*In the beginning...* En el principio...
después de MEAN (significar)	Love *means caring* for someone else Amar significa preocuparse por otro
después de NO (en prohibiciones)	No *smoking* No fumar
después de POSESIVOS Y GENITIVO SAJÓN	*my leaving* mi partida (marcha) *John's leaving* la partida (marcha) de John
después de PREFER...TO...	I *prefer singing to dancing* Prefiero cantar a bailar
después de TODAS LAS PREPOSICIONES	I'm interested *in learning* Estoy interesado en aprender
en frases con cláusula RELATIVA WHO	The person *sitting...* = the person *who is sitting...* La persona sentada... = la persona que está sentada...
después de REMEMBER (recordar haber hecho...)	I *remember locking* the door Recuerdo que cerré (haber cerrado) la puerta
después de SEE (ver), HEAR (oír), SMELL (oler), SENSE (sentir), etc.	I *saw* him *falling* Le vi cuando se caía

SE USA EL VERBO CON «-ING»	EJEMPLOS
después de VERBOS QUE EXPRESAN EL COMIENZO, continuación o fin de una actividad (start, begin, continue, go on, keep (on), finish, end, etc.)	It *started raining* Comenzó a llover
después de STOP, cuando significa DEJAR DE	She *stopped talking* (Ella) Dejó de hablar PERO: She *stopped to talk* (Ella) paró para hablar
después de SUGGEST (sugerir)	I *suggested going* to the cinema Sugerí ir al cine
después de REGRET (lamentar haber hecho...)	I *regret buying* the bike Lamento haber comprado la bici
después de TO (como preposición) [look forward to (desear), be used to (estar acostumbrado/a/s a), become used to (llegar a acostumbrarse a), get used to (acostumbarse a)]	I'm *looking forward to having* Easter holidays Estoy intentando tomarme la Semana Santa
después de GET + adjetivo	I *get sad watching* the news Me entristece ver las noticias

INFINITIVOS

☞ Algunos verbos van seguidos de **INFINITIVO.** Dependiendo del tipo de verbo, irá con «TO» o sin él.

INFINITIVOS CASOS ESPECÍFICOS II (SIN «TO»)	
SE USA EL INFINITIVO SIN «TO»	**EJEMPLOS**
después de AND, BUT, OR, EXCEPT	Joan wants *to visit* China *and* (*to*) *buy* a house there Joan quiere visitar China y comprar una casa allí
después de HAD BETTER (es/sería mejor que.../más vale que)	You *had better study* hard Más vale que estudies mucho
después de HAVE (hacerle...)	*Have* the visitor *come* in (Haz) Que pase la visita

SE USA EL INFINITIVO SIN «TO»	EJEMPLOS
en FRASES IDIOMÁTICAS	Easy *come,* easy *go* (proverbio) Así como viene, se va
después de LET (permitir, dejar)	*Let* me *come* in Déjeme entrar
después de MAKE (hacer que..)	You *make* me *feel* good Haces que me sienta bien
despues de SEE (ver), HEAR (oír), SMELL (oler), SENSE (sentir), etc.	I *saw* him *fall* Le vi caerse /Vi que se cayó
después de los VERBOS MODALES (can, could, may, might, will, would, shall, should, must)	They *must go* home now Deben irse a casa ya
después de WHY...? (¿Para que/Por qué...?) o WHY NOT...? (¿Por qué no...?)	*Why study* if you know the answers? ¿Para qué estudiar si sabes las respuestas? *Why not go* with him? ¿Por qué no ir con él?
después de WOULD RATHER (preferiría)	I *would rather stay* at home Preferiría quedarme en casa

INFINITIVOS CASOS ESPECÍFICOS III (CON «TO»)	
SE USA EL INFINITIVO CON «TO»	**EJEMPLOS**
después de ADJETIVOS	I'm *glad to see* you Estoy contento de verte
como infinitivo de propósito, cuando se explica el porqué con un verbo. TO = PARA, o con el propósito de...	I went to there *to learn* Fui allí a aprender She stopped *to talk* to me Se paró para hablarme
después de LIKE, si se habla de lo que uno suele hacer, y después de WOULD LIKE	I *like to brush* my teeth after meals Me gusta lavarme los dientes después de las comidas I *would like to leave* Me gustaría irme
después de MEAN (querer... de intención)	I *meant to tell* you Quise decírtelo
después de todos los demás verbos no tratados en CASOS I y II	She *wants to help* you (Ella) quiere ayudarte

SE USA EL INFINITIVO CON «TO»	EJEMPLOS
después de PREFER... THAN... (preferir... que ...)	*I prefer to read than to write* Prefiero leer que escribir
después de PROPOSE (proponer)	I *proposed to talk* to the boss Propuse hablar con el jefe
después de REGRET (lamentar...), cuando se comunica malas noticias	I *regret to tell* you that... Lamento decirte que...
después de REMEMBER (recordar...), en el sentido de no olvidar	I *remembered to lock* the door Me acordé de cerrar la puerta
después de VERBOS que indican el COMIENZO DE UNA ACTIVIDAD (de larga duración: start, begin, commence, etc.)	It *started to rain* Empezó a llover
después de USED (solía...)	I *used to play* marbles Solía jugar a las canicas
después de los SEMIAUXILIARES (be going to, be able to, be about to, be apt to, be bound to, be due to, be going to, be likely to, be meant to, be obliged to, be supposed to, be willing to, have to)	I *have to do* the ironing Tengo que planchar
después del OBJETO PERSONAL, especialmente en frases con VERBOS DE ESTILO INDIRECTO (order, force, tell, ask, etc.)	She *advised me to rest* Me aconsejó descansar
después de TOO + ADJETIVO y ADJETIVO + ENOUGH	He's *too young to vote* Es demasiado joven para votar He's not *old enough to vote* No es lo suficientemente mayor para votar

LAS PREPOSICIONES

☞ Las preposiciones son palabras, generalmente cortas, que establecen una relación entre verbos y objetos en cuanto a tiempo, posición y dirección, y también sirven para formar PHRASAL VERBS (véase al final del capítulo).

PREPOSICIONES DE LUGAR Y TIEMPO

Para expresar dónde se encuentra algo o alguien, o hacia dónde va, se necesitan las preposiciones. El verbo expresa CÓMO, mientras que la preposición comunica dónde está o hacia dónde va.

Virginia is *in* the shop
Virginia está *en* la tienda

A thief is running *into* the shop
Un ladrón *entra* corriendo en la tienda

Virginia is running *out of* the shop
Virginia *sale* corriendo de la tienda

➯ En el primer ejemplo, IN (dentro de) THE SHOP, sitúa a Virginia dentro de la tienda. En el segundo ejemplo, el uso del verbo RUN, en RUNNING, establece el modo, y, a continuación, INTO (hacia dentro de) THE SHOP expresa hacia dónde en relación con la tienda. En el tercero, VIRGINIA IS RUNNING, el verbo establece el tiempo (presente continuo: acciones que ocurren en este momento); la elección del verbo RUN establece el modo de la acción, OUT OF (hacia fuera) expresa en qué dirección va, en relación con el objeto de la preposición, THE SHOP.

➪ Verbos que expresan movimiento (run, come, go, fly, etc.) y verbos que expresan dónde se encuentra un objeto suelen ir seguidos de una preposición que especifica hacia dónde va el sujeto o dónde se encuentra. Muy a menudo el verbo sirve para comunicar la forma de este movimiento.

☞ **AT.**

➪ Significa A LAS cuando se usa para **decir las horas:**

at seven o'clock	*a* las siete

➪ Significa EN para **temporadas señaladas** y para fines de semana:

at Christmas	*en* Navidades
at Easter	*en* (la) Semana Santa
at the weekend	*(durante)* el fin de semana

➪ Es una preposición comodín para describir la posición general cuando no es necesario o posible usar IN u ON, u otra preposición más precisa. Es como una combinación de IN, NEAR y BESIDE:

There was a man standing *at* the bus-stop
Había un hombre de pie *en* la parada de autobús

at home, at the sea, at the seaside, at the beach, at the river, at the lake, at her mother's/friend's (house), at uncle Johnny's (house)

➪ Se usa AT con las partes del día:
at dawn, at daybreak, at sunrise, at noon, at midday, at dusk, at sunset, at night, at midnight

➪ Se usa AT con las comidas:
at breakfast, at lunch, at tea, at dinner, at supper

➪ Se usa AT para situarse en los lugares más frecuentados:
at mass, at school, at work
En el inglés de Estados Unidos se suele usar IN en los casos anteriores.

➪ Se usa AT con las actividades en grupo:
at a disco, at a party, at a meeting, at a match, at a concert

➪ Se usa AT para hablar de posición en puntos dentro de la ciudad: at a hotel, at a bridge, at a bus-stop, etc.

➪ Se usa AT para describir una posición relativa: at the top, at the bottom, at the front, at the back

➪ Se usa AT con adjetivos y participios:

I'm good/bad at chess	Soy bueno/malo en ajedrez
She's delighted at the new house	Ella está encantada con la nueva casa
Your mother is annoyed at you	Tu madre está enfadada contigo

EXPRESIONES COMUNES CON «AT»
at (the age of) 15, at 60 kilometres an hour, at all events, at any rate, at first, at first sight, at full speed, at hand, at his/her birth, at his/her death, at last, at least, at random, at that moment, at that time, at the foot of the bed/mountain, at the head of the table, at the moment, at the right moment, at the same time, at the time, at this point, at this rate, at war/peace, not at all

NOTA. No se debe combinar el verbo GO con AT para expresar movimiento.

☞ **IN.**

➪ IN es una preposición de tiempo y se utiliza con meses, años y estaciones del año. Significa EN.

I was born *in* July *in* 1992
Nací *en* julio de 1992

My mother's birthday is *in* winter
El cumpleaños de mi madre es *en* invierno

➪ Como preposición de posición, significa EN O DENTRO DE y se usa generalmente con espacios:

→ con 3 dimensiones: habitaciones, casas, hoteles, vehículos, etc.
→ limitados por algo: un muro, una valla, una frontera, etc.

We left the car *in* the car park
We spent the day *in* Teruel

→ grandes: ciudades, pueblos, países, el campo, regiones, etc.

They live *in* Barcelona, *in* Pontevedra, *in* Italy, *in* Altea, *in* Las Palmas.

EXPRESIONES COMUNES CON «IN»
be in the army, be in town, be interested in, believe in, have something in common, in a minute, in addition to, in the newspaper, in case, in every way, in fact, in front of, in general, in many cases, in most cases, in my opinion, in my view, in order to, in other words, in particular, in principle, in the beginning, in the end, in the first place, in the hope that, in the same way (that...), in the snow/rain, wind, in time, in/with the red dress, etc., speak/talk in a high/low/soft voice, write in pencil/ink/pen

☞ **ON.**

➪ ON se utiliza como preposición de tiempo para días de la semana y fechas (mes y día).

We're having a party *on* Saturday
Tenemos una fiesta *el sábado*

My birthday is *on* June 15th
Mi cumpleaños es *el* quince *de junio*

on Monday morning/afternoon/evening

➪ Como preposición de posición, se usa para describir algo que se encuentra SOBRE (ENCIMA DE) lo que constituye una superficie o una línea.

There was a large painting *on* the wall
Hubo un cuadro grande *en* la pared

The criminal was caught *on* the border
El criminal fue capturado *en* la frontera

A child was sitting *on* the road
Un niño estaba sentado *en* la carretera

I put the food *on* the table
Puse la comida *en* la mesa

➪ Para expresar movimiento de una superficie a otra se usa ON. Si el verbo requiere un objeto, se suele usar ONTO, aunque ON sería aceptable.

The cowboy walked to his horse and *got* on
El vaquero caminó hacia su caballo y *se montó*

He came out of the saloon and got *onto* his horse
Él salió del bar y *se montó* en su caballo

EXPRESIONES COMUNES CON «ON»
(be) on time, (to) knock on the door, and so on, based on, be keen on, be on holiday, be on sale, depend on, on account of, on condition that, on Everest, on foot, on page, on seeing (him...), on the contrary, on the other hand, on the phone, on the radio, on TV.

☞ **CASOS ESPECIALES.**

➯ CORNER

in the corner of the *room*
at the corner of the *street*

➯ AT/IN/ON

Angela is sitting *at* the computer
Ángela está sentada *ante* el ordenador

She was sitting *on* the computer
Ángela está sentada *encima* del ordenador

She was sitting *in* the computer
Ángela está sentada *dentro* del ordenador

➯ BEEN TO/IN. Significan el equivalente a VISITADO.

She's been to/in London — Ella ha visitado Londres

EXPRESIONES COMUNES CON AT, IN, ON	
a este ritmo → at this rate	a misa → to mass
a la cabeza de → at the head of	a pie (andando) → on foot
a medianoche → at midnight	a pie de → at the foot of
a la vez → at the same time	a primera vista → at first sight
a las siete → at seven o'clock	a principios → at the beginning
a los quince años → at fifteen	a sesenta kilómetros por hora → at sixty kilometres an hour
a mano → at hand	a tiempo → in time
a mediodía → at midday	

aficionado/a/s a → keen on
al atardecer → at dusk
al atardecer → at sunset
al contrario → on the contrary
al final → in the end
al menos → at least
al principio → at first
al ver(le...) → on seeing (him...)
basado/a/s en → based on
bueno/a/s en → good at
cabreado/a/s con → annoyed at
con el traje negro (puesto) → in the black suit
con lápiz → in pencil
con tiempo → on time
con tinta → in ink
con voz alta → in a high voice
con voz baja → in a low voice
con voz suave → in a soft voice
de cualquier modo → at all events
de hecho → in fact
de vacaciones → on holidays
delante de → in front of
dentro de la estación → in the station
dentro de un hotel → in a hotel
dentro del agua → in the water
dentro del aparcamiento → in the car park
dentro del bosque → in the forest
dentro del parque → in the park
dentro del río → in the river
depender de → depend on
el día diez de junio → on June 10th
el lunes por la mañana → on Monday morning
el martes por la tarde → on Tuesday afternoon
el sábado → on Saturday
el viernes por la noche → on Friday evening
en 1995 → in 1995
en absoluto → not at all
en aquel momento → at that moment
en aquella epoca → at that time
en cambio → on the other hand
en casa → at home
en casa de su madre → at his/her mother's (house)
en casa de un/a amigo/a → at a friend's (house)
en casa del tío Johnny → at uncle Johnny's (house)
en caso → in case
en común → in common
en Cuba → in Cuba
en diciembre → in December
en el amanecer → at dawn
en el centro (de la ciudad) → in town
en el colegio → at school
en el desayuno → at breakfast
en el Everest → on Everest
en el fin de semana → at the weekend
en el fondo → at the bottom
en el lago (no dentro) → at the lake
en el litoral → at the seaside
en el mar → at the sea
en el momento justo → at the right moment
en el principio → in the beginning
en el río (no dentro) → at the river
en el río (no dentro) → on the river
en el teléfono → on the phone
en el trabajo → at work
en el viento → in the wind
en este momento → at the moment

en general → in general
en guerra → at war
en Italia → in Italy
en la carretera → on the road
en la cena → at dinner (time)
en la comida → at lunch (time)
en la esquina de la calle → at the corner of the street
en la esquina de la habitación → in the corner of the room
en la estación → at the station
en la frontera → on the border
en la gran mayoría de los casos → in most cases
en la lluvia → in the rain
en la mesa → on the table (encima)
en la mesa → at the table (sentado)
en la niebla → in the mist
en la nieve → in the snow
en la página cinco → on page five
en la pared → on the wall
en la parte de abajo → at the bottom
en la parte de arriba → at the top
en la parte de atrás → at the back
en la parte de delante → at the front
en la piscina → at the pool
en la playa → at the beach
en la puerta → on the door
en la radio → on the radio
en la tele → on TV
en Madrid → in Madrid
en mi opinión → in my opinion
en misa → at mass
en muchos casos → in many cases
en Navidades → at Christmas
en otras palabras → in other words
en particular → in particular
en primer lugar → in the first place
en principio → in principle
en Semana Santa → at Easter
en su muerte → at his/her death
en su nacimiento → at his/her birth
en Teruel → in Teruel
en todo caso → at any rate
en Torrevieja → in Torrevieja
en un concierto → at a concert
en un ejército → in an army
en un hotel → at a hotel
en un libro → in a book
en un minuto → in a minute
en un partido → at a match
en un periódico → in a newspaper
en un puente → at a bridge
en una discoteca → at a disco
en una fiesta → at a party
en una habitación → in a room
en una parada de autobús → at a bus-stop
en una reunión → at a meeting
en una revista → in a magazine
en venta → on sale
en verano → in summer
encantado/a con → delighted at
interesado/a/s en → interested in
malo/a/s en → bad at
por fin → at last
por la/s noche/s → at night

CUADRO RESUMEN DE LAS PREPOSICIONES

PREPOSICIONES DE LUGAR

PREPOSICIÓN	SIGNIFICADO	EJEMPLO	TRADUCCIÓN
ABOVE/OVER	encima de	There are cables *over* our house	Hay cables encima de nuestra casa
AMONG	entre (más de dos cosas)	There is a house *among* the trees	Hay una casa *entre* los árboles
AT	en	Jane is *at* the bus-stop	Jane está *en* la parada de autobús
BEHIND	detrás de	There's somebody *behind* the curtain	Hay alguien *detrás de* la cortina
UNDER/BELOW	debajo de	There is something *under* my bed	Hay algo *debajo de* mi cama
BESIDE/BY/NEXT TO	justo al lado de	Jack is standing *by* the door	Jack está de pie *al lado de* la puerta
BETWEEN	entre (dos cosas)	2 is *between* 1 and 3	El dos está *entre* el uno y el tres
IN	en	Paris is *in* France	París está *en* Francia
IN FRONT OF	delante de	The girl is *in front of* the picture	La chica está delante del cuadro
INSIDE	(por) dentro (de)	A coconut is white *inside*	Un coco es blanco *por dentro*
OUTSIDE	(por) fuera (de)	A coconut is brown *outside*	Un coco es marrón *por fuera*
ON/ON TOP OF	encima de, sobre	The plates are *on* the table	Los platos están *en* la mesa
(A)ROUND/ABOUT	alrededor (de)	There are walls *around* Avila	Hay murallas *alrededor de* Ávila
OPPOSITE	en frente (de)/frente a	The hospital is *opposite* the bank	El hospital está *en frente del* banco
NEAR	cerca de	El Escorial is *near* Madrid	El Escorial está cerca de Madrid
FROM... TO...	de... a...	We work *from* Monday *to* Friday	Trabajamos *de* lunes *a* viernes

PREPOSICIONES DE TIEMPO			
UNTIL	hasta que (tiempo)	Wait *until* the nurse calls you	Espera *hasta que* te llame la enfermera
DURING	durante	Bears sleep *during* the winter	Los osos duermen *durante* el invierno
FOR	durante, para (cantidad de tiempo)	I'm going to Italy *for* a week	Me voy a Italia una semana
SINCE	desde	It's been raining *since* Friday	Lleva lloviendo *desde* el viernes
BEFORE	antes de	Make your bed *before* you go	Haz la cama *antes de* irte
AFTER	después de	We went home *after* the film	Nos fuimos a casa *después de* la película
BETWEEN	entre	We have lunch *between* two and three	Comemos *entre* las dos y las tres
BY	para/antes de	Be home *by* ten	Estate en casa *antes de* las diez
PREPOSICIONES DE MOVIMIENTO			
UP	hacia arriba	John climbed *up* the tree	John trepó al árbol
DOWN	hacia abajo	My ring fell *down* the plughole	Se me cayó el anillo *por* el desagüe
TO	hasta/a	I flew *to* Ibiza	Volé *a* Ibiza
FROM	desde	You have a postcard *from* Singapore	Tienes una postal *de* Singapur
TOWARDS	en dirección a/hacia	They drove *towards* the coast	Ellas condujeron *hacia* la costa
AWAY FROM	en dirección opuesta a	The mouse ran *away from* the cat	El ratón se alejó corriendo *del* gato
OVER	por encima de	Planes can fly *above* the clouds	Los aviones pueden volar *por encima de* las nubes
UNDER	por debajo de	The ship passed *under* the bridge	El barco pasó *por debajo* del puente

ALONG	a lo largo de/por	She runs *along* the pier everyday	Ella corre *por* el muelle todos los días
ACROSS	a lo ancho de	He walked *across* the street	Él cruzó la calle
(A)ROUND/ABOUT	rodeando/alrededor	She wandered *around* the department store	Ella deambuló *por* el gran almacén
THROUGH	a través de	They went *through* the jungle	Ellos *atravesaron* la jungla
INTO	hacia dentro	He jumped *into* the swimming pool	Se *metió* de un salto *en* la piscina
OUT OF	hacia fuera	She ran *out of* the burning house	Ella salió corriendo *de* la casa en llamas
ON	encima de	Don't put your feet on the table!	¡No pongas los pies *encima de* la mesa!
OFF	(hacia fuera de una superficie)	Get your hands *off* me!	¡Quítame las manos *de encima!*

USO	EJEMPLO	TRADUCCIÓN
IN		
SIGLOS	*in the 19th century*	en el siglo diecinueve
AÑOS	*in 1999*	en 1999
MESES	It is hot *in August*	Hace calor en agosto
ESTACIONES DEL AÑO	There are flowers everywhere *in spring*	Hay flores por todas partes en primavera
PARTES DEL DÍA (excepto night, midnight, noon)	I have a shower *in the morning*	Me ducho por la mañana
ON		
DÍAS DE LA SEMANA	I have English *on Monday*, Tuesday and Friday	Tengo inglés el lunes, el martes y el viernes
FECHAS	The exam is *on March 20th*	El examen es el veinte de marzo
DÍAS SEÑALADOS	*On New Year's Eve* we eat grapes in Spain	En Nochevieja comemos uvas en España
con las palabras HOLIDAY/S	Ruben is *on holidays* now	Ruben está de vacaciones ahora

AT		
para HORAS (a las...)	Classes start *at nine*	Las clases empiezan a las nueve
con NIGHT, MIDNIGHT, NOON	Bats fly *at night*	Los murciélagos vuelan por la noche
con TEMPORADAS SEÑALADAS (Easter, Christmas)	There are no classes *at Christmas*	No hay clases en Navidades
con EDADES (age)	She started school *at the age of five*	Ella empezó el colegio a la edad de cinco años

PREPOSICIONES ☹ ERRORES COMUNES

✎ Ejemplos

MAL ⇨ He came *in* the room
BIEN ⇨ He came *into* the room
→ Él entró en la habitación
«In» e «into» se pueden usar para expresar movimiento, pero es preferible usar «into» con verbos transitivos.

MAL ⇨ They are *into* the car
BIEN ⇨ They are *in* the car
→ Ellos están en el coche
Para expresar posición con el verbo «to be» se utiliza «in».

MAL ⇨ Brad arrived *to* Madrid
BIEN ⇨ Brad arrived *in* Madrid
→ Brad llegó a Madrid
No se usa «to» con el verbo «arrive» (llegar), sino «at» para lugares dentro de las ciudades e «in» para los demás.

PHRASAL VERBS

☞ Muchos verbos en inglés, los llamados **PHRASAL VERBS,** constan de dos partes: el propio verbo y una preposición, o bien una partícula adverbial.

☞ VERBOS CON PARTÍCULA ADVERBIAL.

Los verbos que forman combinaciones con partículas adverbiales se llaman PHRASAL VERBS. Las partículas adverbiales suelen modificar el sentido del verbo en parte o por completo.

➪ Con algunos verbos con partícula, los sentidos del **verbo** y de su **partícula** están bastante **relacionados.**

sit *down* (sentarse)
stand *up* (levantarse)

➪ En otros casos, el sentido principal del **verbo** queda **modificado** o **intensificado.**

write (escribir)	*write down* (apuntar)
pay (pagar)	*pay up* (saldar las deudas)
show (mostrar)	*show off* (lucir, lucirse)

➪ En bastantes casos de **verbos** con partícula, **no** se puede **deducir** fácilmente el **sentido** del conjunto ni por el verbo ni por su partícula.

take off (despegar)
carry on (continuar)
find out (averiguar)

☞ PHRASAL VERBS CON OBJETOS.

➪ Muchos verbos con partícula pueden tener un objeto.

She tur*ned on* the television	Ella encendió el televisor

➪ La mayoría de los verbos con partícula adverbial aceptan la colocación del objeto entre el verbo y la partícula.

She turned on *the radio*	Ella encendió la radio
She turned *the radio* on	

➪ Sin embargo, los objetos pronombre (it, them, etc.) siempre deben situarse entre el verbo y la partícula.

BIEN ⇨ She turned *it* on

MAL ⇨ She turned on *it*

Ella la encendió

☞ **VERBOS CON ADVERBIO Y PREPOSICIÓN.**

Existen un número limitado de verbos de este tipo que combinan con un adverbio y una preposición. En estos casos no se admite la colocación de un objeto entre los componentes.

catch up on (ponerse al día con)
do away with (matar a)
drop in on (visitar a)
face up to (enfrentarse con)
put up with (aguantar, soportar)

☞ **VERBOS PREPOSICIONALES.**

Muchos verbos pueden también formar combinaciones con partículas preposicionales. Estas combinaciones se llaman PREPOSITIONAL VERBS (verbos preposicionales). En estos verbos, las preposiciones forman una frase preposicional junto con su objeto, y, por tanto, el objeto no se puede colocar entre el verbo y la preposición.

care for (ocuparse de, cuidar de)
refer to (referirse a)
resort to (recurrir a)

✎ **NOTA.** En la siguiente lista referencia, si el **asterisco** se encuentra entre el verbo y la partícula, señala aquellos verbos que requieran la colocación del objeto pronombre en aquella posición.

LISTA DE PHRASAL VERBS	
agree with * → estar de acuerdo con	back away (from *) → evitar (*)
ask (somebody) for (something) → pedir	back down (from *) → desistir (de *)
back * up → hacer una copia de seguridad de, respaldar	back out (of *) → salir marcha atrás
	be about to * → estar a punto de

be above * → estar por encima de
be after * → estar detrás de
be along → venir
be away (from *) → estar fuera
be back (from *) → estar de vuelta
be down → estar deprimido
be for * → estar a favor de
be in → estar en casa
be off (to *) → marcharse (a *)
be on → poner (tele, cine)
be out of * → estar sin
be out to * → estar dispuesto/a/s a
be out → estar fuera
be over → estar terminado
be through → estar acabado
be up to * → estar tramando
be up → estar levantado/a
bear * out → confirmar
bear with * → tener paciencia con
blow * away → liquidar
blow * out → apagar (soplando)
blow * up → hacer volar
break * up → dividir, descomponer
break down → averiarse
break in (on *) → interrumpir
break in(to *) → entrar en (por la fuerza)
break out (of *) → fugarse
bring * about → provocar
bring * back → traer de vuelta
bring * down → reducir
bring * out → hacer salir
bring * up → mencionar
bring up * → educar
call * away → llamar a
call * back → volver a llamar (a alguien)
call * off → suspender
call * up → llamar
call by → visitar
call for * → pasar a recoger
call in (on *) → visitar
call round → pasar
care for * → cuidar de
carry * away → llevarse
carry * off → llevarse
carry * out → llevar a cabo
carry on → seguir, continuar
catch on → imponerse
catch up → ponerse al día
clear * away → recoger
clear * out → vaciar y ordenar
clear * up → esclarecer, resolver
clear off → largarse
come about → ocurrir
come across * → encontrarse con
come at * → atacar *
come back → volver
come by → pasar
come down (*) → bajar
come forward → ofrecerse
come from * → venir/ser de
come in(to *) → entrar (en *)
come on → venir
come out → salir
come round → visitar
come to → volver en sí
come together → reunirse
come up with * → idear

come up → surgir, subir	get in → entrar, subir (vehículos)
cut * off → cortar	get into * → entrar en *
cut * out → recortar	get off (*) → bajarse (de *)
cut * up → cortar en pedazos	get on (with *) → llevarse bien (con *)
cut back/down on * → reducir el consumo de *	get out of * → librarse de
cut in → interrumpir	get over * → pasar por encima de
do * in → cargarse a	get past (*) → conseguir pasar (por *)
do * out of * → quitar, birlar	get round to * → encontrar tiempo para
do * out → hacer una limpieza a fondo de	get through * → superar *
do * up → arreglar	get together → reunirse
do away with * → suprimir, matar	get up to → hacer travesuras
do for * → acabar con	get up → levantar(se)
do with * → venir bien	give * away → regalar
do without * → irse sin	give * back (to *) → devolver (a *)
drop in (on *) → visitar	give * in → entregar
fall apart → deshacerse	give * out → repartir
fall behind → quedarse atrás	give * up → dejar, abandonar un hábito
fall down → caerse	give in/up → rendirse
fall for * → enamorarse de	go after * → perseguir a
fall off (*) → caerse (de)	go against * → oponerse a
feel for * → sentir pena por	go ahead → seguir adelante
feel up to * → sentirse con ánimo para	go along (with *) → acompañar, secundar
get (*) through → conseguir pasar (*)	go at/for * → lanzarse a
get * across (to *) → hacer entender	go away (from *) → irse
get about → moverse por ahí	go back → volver
get along (with *) → llevarse bien (con *)	go beyond * → ir más allá de
get along → irse	go by → pasar
get at * → alcanzar	go down with * → caer enfermo/a con
get away (with *) → escaparse con	go down → bajar
get back (from *) → regresar	go in(to *) → entrar (en *)
get by → arreglárselas	go off (to *) → marcharse
get down (from *) → bajar	go on → continuar, seguir
get down to * → ponerse a	go out → salir

go over * → repasar, revisar
go to * → ir a
go up → ascender
go with * → quedar bien con (ropa)
hand * in → entregar
hand * out → repartir
hang * out → tender
hang * up → colgar
hang about/around → esperar
hang on to * → agarrarse fuerte a, conservar/guardar
hang on → esperar
hold * up → levantar
hold on to * → aferrarse a
hold on → aguantar
hold up * → asaltar, atracar
hold with * → estar de acuerdo con
keep (*) away (from *) → mantenerse alejado de
keep * back → mantener (a alguien/algo) atrás
keep * in → no dejar salir
keep * off → no tocar, no entrar en
keep * out (of *) → mantener fuera (de *)
keep * up → seguir con
keep down → mantenerse agachado/a/s
keep on → continuar, seguir
keep to * → ceñirse a
knock * back → beberse, tomarse
knock * down → echar abajo, atropellar
knock * out → dejar sin sentido
leave * behind → olvidarse de
leave * out → omitir
let * down → defraudar
let * in → dejar entrar
let * out → dejar salir
let on → fingir
let up → amainar
look * over through→ revisar
look * up → buscar (referencia)
look after * → cuidar de
look at * → mirar a, estudiar
look back → mirar (hacia) atrás
look down on * → menospreciar a
look for * → buscar a
look forward to * → tener ganas a
look in (on *) → visitar
look into * → investigar a
look on to * → dar a
look on → observar
look out (for *) → tener cuidado (con *)
look up to * → admirar, respetar
make * out → distinguir, divisar
make * up → inventar, maquillar a
make after * → correr tras
make at * → atacar a
make away (with *) → escaparse (con *)
make for * → dirigirse hacia
make off → salir corriendo, largarse
make up for * → compensar
make up your mind → decidirse
pass * out → repartir
pass away → fallecer
pass by → pasar
pass out → desmayarse
pay in → pagar
pay up → saldar las deudas

pick * up → recoger
pull * apart → hacer pedazos
pull * down → derribar, echar abajo
pull ahead → tomar la delantera
pull back → echarse atrás
pull in → parar (vehículos)
pull out (of *) → retirarse, irse (de *)
pull over → hacerse a un lado
pull through → reponerse
put * across (to *) → lograrse entender
put * aside → dejar a un lado
put * away → guardar
put * back → reponer
put * down → bajar
put * in → insertar, instalar
put * off → aplazar *
put * on → ponerse
put * out → sacar, apagar
put * together → armar, montar
put * up → montar *
put up with * → aguantar, soportar
ring * up → llamar (por teléfono)
run * down → atropellar
run * over → atropellar
run across * → toparse con (por casualidad)
run after * → salir corriendo tras
run away (from *) → fugarse
run into * → chocar con, encontrarse con
run out (of *) → quedarse sin
run up against * → toparse con (por oposición)
see * out → acompañar (hasta la puerta)
see about * → encargarse de
see to * → ocuparse de
send * back → mandar de vuelta
send * off → despachar
send for * → mandar a buscar
set * back → retrasar, atrasar
set * by → apartar
set * up → fundar, establecer
set about * → empezar
set in → establecerse
set off (for *) → salir (para/hacia *)
set out → emprender un viaje
show * off → lucir(se)
show * up → poner en evidencia
show up → llegar, aparecer
speak for * → hablar por
speak out → denunciar
speak up → hablar alto o más alto
stand back (from *) → apartarse (de *)
stand by * → apoyar/defender a
stand by → esperar, mantenerse al margen
stand for * → significar (siglas)
stand out → destacar
stand up for * → defender a
stand up → ponerse de pie
stick around → quedarse
stick out → sobresalir
stick together → seguir juntos
stick up for * → sacar la cara por
stick with * → no separarse de
take * along → llevar a
take * apart → desmontar
take * aside → llevar aparte
take * away → llevar
take * back (from *) → devolver

take * down → tomar nota de	turn * away → apartar(se)
take * for * → tomar por	turn * down → bajar (el volumen)
take * off → quitar	turn * off → apagar
take * over → apoderarse de	turn * on → encender
take * up → aficionarse a	turn * over → darle la vuelta a
take after * → parecerse a	turn * up → subir (el volumen)
think * up → idear	turn * upside down → darle la vuelta a
think about * → cavilar sobre	turn back → dar la vuelta, regresar
think of * → pensar en	turn in → acostarse
throw * away → tirar	turn out → resultar
throw up → vomitar	turn to * → volverse hacia
try * on → probarse	turn up → aparecer
try * out → probar	wear * out → desgastar
try for * → tratar de conseguir	work * out → solucionar
turn (*) into * → convertirse en	work on * → trabajar en
turn * around → girar	work out → hacer ejercicio

Los pronombres

PRONOMBRES SUJETO

☞ Se emplean los **PRONOMBRES SUJETO** para sustituir a los nombres o para aclarar a quién se está haciendo referencia. A diferencia del español, en que se puede omitir la persona que realiza la acción, en inglés siempre hay que mencionar al sujeto.

PRONOMBRES SUJETO			
SINGULAR	1.ª	I	Yo
	2.ª	You	Tú
	3.ª	He	Él
		She	Ella
		It	Ello
PLURAL	1.ª	We	Nosotros/as
	2.ª	You	Vosotros/as
	3.ª	They	Ellos/as

Mary lives in Madrid — *She* lives in Madrid
Mary vive en Madrid — *(Ella)* vive en Madrid

PRONOMBRES OBJETO

☞ Los **PRONOMBRES OBJETO** pueden realizar el papel de complemento directo o indirecto.

PRONOMBRES OBJETO			
me	a mí, para mí	*it*	a ello, para ello (cosas y animales)
you	a ti, para ti	*us*	a nosotros/as, para nosotros/as
him	a él, para él	*you*	a vosotros/as, para vosotros/as
her	a ella, para ella	*them*	a ellos/as, para ellos/as

Put *it* there — Pon*lo* allí
You can eat *them* — Puedes comérte*los*
Give *it* to him — Dáse*lo* a él

PRONOMBRES REFLEXIVOS

☞ Los **REFLEXIVOS** se utilizan en casos donde **la misma persona es sujeto** y, a la vez, **objeto de la acción.** Es decir, cuando la acción repercute en la misma persona que la ejecuta (lleva a cabo).

She looks at *herself* in the mirror
Ella se mira en el espejo

The water heater turns *itself* off
El calentador de agua se apaga solo

➩ Aunque en inglés, para expresar acciones que normalmente el sujeto se hace a sí mismo, no es necesario utilizar un reflexivo, puesto que se sobreentiende:

She washes — Ella se lava
Her father shaves — Su padre se afeita
He dresses — Él se viste

➪ Sólo cuando estas acciones normales implican algún tipo de dificultad, se utiliza el reflexivo:

The doctor removed the plaster on her hands and arms. She can wash *herself* now
El médico quitó la escayola de sus manos y brazos. Ella se puede lavar ahora

My cousin is only two years old but he can dress *himself*
Mi primo sólo tiene dos años, pero sabe vestirse solo

➪ Otro uso del reflexivo es para resaltar la importancia o dificultad de la acción:

I saw the King *himself* this morning
Vi al rey en persona esta mañana

She taught *herself* to play the piano
Aprendió sola a tocar el piano

SUJETO	VERBO	**PRONOMBRE REFLEXIVO**	(COMPLEMENTO)
I	cut	*myself*	with a knife
You	saw	*yourself*	in the mirror
He	talks to	*himself*	in the street
She	hurt	*herself*	with a stone
It	turns	*itself*	off/on at night
We	enjoy	*ourselves*	at Easter
You	look at	*yourselves*	everyday
They	killed	*themselves*	in an accident

➪ Los reflexivos se utilizan en inglés mucho menos que en español. Los siguientes verbos son verbos típicos que pueden llevar reflexivo.

VERBOS REFLEXIVOS			
buy oneself	comprarse	call oneself	llamarse
cut oneself	cortarse	do oneself	haccrsc
enjoy oneself	divertirse	fool oneself	engañarse
hurt oneself	dañarse, herirse	kill oneself	matarse
listen to oneself	escucharse a	look at oneself	mirarse a
love oneself	amarse	make oneself	hacerse
promise oneself	prometerse	see oneself	verse
talk to oneself	hablar con uno mismo	teach oneself	enseñarse
treat oneself (to...)	invitarse a uno mismo	turn on/off itself	encenderse/apagarse

PRONOMBRES POSESIVOS

☞ LOS **PRONOMBRES POSESIVOS** pueden sustituir a un nombre, y su función es identificar al poseedor de un objeto (véase el capítulo «Expresando posesión»).

PRONOMBRES POSESIVOS	
mine	mío/a/s
yours	tuyo/a/s
his	suyo/s (de él)
hers	suya/s (de ella)
ours	nuestro/a/s
yours	vuestro/a/s
theirs	suyos/as
➩ No existe forma para **it**	

The pen belongs to me La pluma me pertenece	It's *mine* Es mía
The car belongs to Peter El coche le pertenece a Peter	It's *his* Es suyo
The pillow belongs to the dog La almohada pertenece al perro	It's the dog's pillow (no hay forma para it) Es la almohada del perro

PRONOMBRES RELATIVOS

☞ Cuando se quiere unir dos frases en las que el sujeto que realiza la acción es el mismo, se sustituye el segundo sujeto por un pronombre relativo, que puede ser **WHO** o **THAT,** si el sujeto es una persona, y **WHICH** o **THAT,** si el sujeto es un animal o una cosa.

Frase 1	Frase 2	Frase 1 + 2
She is the girl	*She* wrote the book	She's the girl *who/that* wrote the book
Ella es la chica	Ella escribió el libro	Ella es la chica *que* escribió el libro
That is the dog	*It* barks at night	That's the dog *which/that* barks at night
Ése es el perro	Ladra por la noche	Ése es el perro *que* ladra por la noche

☞ Los relativos no sólo sustituyen a sujetos. También **pueden sustituir a complementos.**

Frase 1	Frase 2	Frase 1 + 2
I like *the people*	*They* live next door	I like the people *who/that* live next door
Me gusta la gente	Ellos viven al lado	Me gusta la gente *que* vive al lado
I bought *a car*	*It* doesn't *go*	I bought a car *which/that* doesn't go
Compré un coche	No va	Compré un coche *que* no va

☞ **WHERE.** Significa DONDE y también es un relativo. Puede unir oraciones sustituyendo a adverbios de lugar.

Frase 1	Frase 2	Frase 1 + 2
That's *the office*	My husband works there	That's the office *where* my husband works
Ésa es la oficina	Mi marido trabaja allí	Ésa es la oficina *donde* trabaja mi marido
That is *the place*	Everything happened there	That is the place *where* everything happened
Ése es el sitio	Todo sucedió allí	Ése es el sitio *donde* sucedió todo

☞ **WHOSE.** Como relativo y significa CUYO, CUYA, CUYOS y CUYAS. Une oraciones y sustituye a adjetivos posesivos.

Frase 1	Frase 2	Frase 1 + 2
Carol is the girl	*Her* parents were on TV	Carol is the girl *whose* parents were on TV
Carol es la chica	Sus padres estuvieron en la tele	Carol es la chica *cuyos* padres estuvieron en la tele
Paloma Picasso is the woman	*Her* father was an artist	Paloma Picasso is the woman *whose* father was an artist
Paloma Picasso es la mujer	Su padre era artista	Paloma Picasso es la mujer *cuyo* padre era artista

☞ **WHAT.** Utilizado como relativo significa LO QUE.

Look at *what* I've written
Mira *lo que* he escrito

I don't understand *what* you're saying
No sé *lo que* estás diciendo

☞ **OMISIÓN DE RELATIVOS.** Cuando la persona de la que hablamos no realiza la acción, sino que la sufre (objeto pasivo de la acción), se puede suprimir el pronombre relativo al unir las dos oraciones; aunque si no se suprime no es incorrecto. Observa que esto no es posible en español.

That's the man	I saw *him*	That's the man I saw o That's the man *who/that* I saw
Ése es el hombre	Le vi	Ése es el hombre *que* vi
That's the car	I bought *it*	That's the car I bought o That's the car *which/that* I bought
Ése es el coche	Lo compré	Ése es el coche que compré

☞ **PREPOSICIONES Y ADVERBIOS.** Hay verbos que llevan partículas (sean adverbios o preposiciones). En las frases de relativo la preposición o adverbio queda tras el verbo y puede ocupar el último lugar en la frase si no hay complemento.

He's the man	I spoke to him	He's the man I spoke *to*
Él es el hombre	Hable con él	Él es el hombre con el que hablé
This is the book	You were looking for it	This is the book you were looking *for*
Éste es el libro	Lo estabas buscando	Éste es el libro que estabas buscando

☞ **ORACIONES EXPLICATIVAS.** Son las que **DEFINEN AL ANTECEDENTE.** Sin ellas el sentido quedaría incompleto. Estas frases se utilizan principalmente en inglés escrito. Suelen contener mucha información: por una parte, información esencial o nueva, y por otra parte, información adicional o accesoria sobre un sujeto o objeto. La información adicional se incluye entre comas y se coloca inmediatamente después del sujeto u objeto a que se refiere.

⇨ El pronombre relativo se pone justo después de la primera coma, mientras que la información esencial o nueva aparece dividida a ambos lados de la oración, entre comas. Como la información contenida entre comas no es estrictamente esencial, si se unen las dos partes que no están incluidas entre las comas, aparece una oración con sentido. En estas oraciones no se utiliza THAT, sino WHO, WHICH, WHEN, WHERE y WHOSE.

Sujeto	**, (información adicional o recordatoria),**	**(información nueva)**
Joshua's cat	*, which escaped last week,*	came home yesterday
El gato de Joshua	*, que escapó la semana pasada,*	volvió a casa ayer
Torrente Ballester	*, who was born in 1910 in Ferrol,*	is my favourite writer
Torrente Ballester	*, que nació en 1910 en Ferrol,*	es mi escritor favorito

EXPRESANDO POSESIÓN

PARTÍCULAS QUE EXPRESAN POSESIÓN

☞ **OF.** Significa DE y se utiliza para expresar **posesión** o **pertenencia** de **objetos** o **seres inanimados.**

The leg *of* the table	La pata *de* la mesa
The importance *of* language	La importancia *del* idioma
The days *of* the week	Los días *de* la semana
The roots *of* the tree	Las raíces *del* árbol

NOTA. FROM se traduce como DE, pero sólo para expresar procedencia de una persona o cosa. Nunca debe confundirse con DE expresando posesión.

She is *from* Paris	Ella es *de* París (proviene de París)
Apples *from* London	Manzanas *de* Londres (vienen de Londres)

☞ **GENITIVO SAJÓN (saxon genitive).** Se utiliza para expresar posesión por parte de **personas** y **seres animados** (animales).

- **FORMACIÓN:**

➪ Se forma añadiendo al poseedor un apóstrofe **«'»** y una «S» («'S»), y a continuación se pone el objeto poseído.

Jennifer*'s* car	El coche *de* Jennifer
The cat*'s* leg	La pata *del* gato

➪ Cuando dos o más personas comparten la posesión de una misma cosa, se pone «'s» sólo a la última.

Emma and Donald*'s* wedding	La boda *de* Emma y *de* Donald
Brian and Helen*'s* school	El colegio *de* Brian y *de* Helen

➪ Pero si cada uno de los poseedores tiene una cosa, se pone «'s» con cada poseedor.

Sara*'s* and Bobby*'s* bicycles are red
Las bicicletas *de* Sara y *de* Bobby son rojas

➪ Cuando nos referimos a nombres plurales o nombres que acaben en «s», sólo se pone el apóstrofe «'».

The mechanics' uniforms are blue
Los uniformes *de* los mecánicos son azules

The dogs' vet is Melanie
La veterinaria *de* los perros es Melanie

Francis' friend is tall
El amigo *de* Francis es alto

☞ **WHOSE.** Significa **DE QUIÉN** o **DE QUIÉNES,** y se emplea para preguntar por la pertenencia de algo.

Whose coat is it?
¿De quién es este abrigo?

It's Angela*'s*
Es *de* Angela

Whose children are they?
¿De quiénes son estos niños?

They're Ivan and Jessica*'s* children
Son los niños (hijos) *de* Iván y Jessica

ADJETIVOS Y PRONOMBRES POSESIVOS

ADJETIVOS POSESIVOS		PRONOMBRES POSESIVOS	
my	mi/s	***mine***	mío/a/s
your	tu/s	***yours***	tuyo/a/s
his	su/s (de él)	***his***	suyo/s (de él)
her	su/s (de ella)	***hers***	suya/s (de ella)
its	su/s (de ello)	—	No existe forma para **it**
our	nuestro/a/s	***ours***	nuestro/a/s
your	vuestro/a/s	***yours***	vuestro/a/s
their	sus	***theirs***	suyos/as
⇨ Los adjetivos posesivos van delante del nombre, e indican pertenencia.		⇨ Los pronombres posesivos sustituyen al adjetivo posesivo y al nombre, e indican posesión.	

My cat is eight years old but *yours* is five
Mi gato tiene ocho años, pero *el tuyo* tiene cinco

✎ **NOTA.** Las **partes del cuerpo** siempre se expresan con los **adjetivos posesivos.** En español normalmente se utiliza el artículo definido.

She is washing *her* hair	(Ella) Se está lavando *el* pelo
Give me *your* hand	Dame *la* mano

☞ Los pronombres posesivos a menudo se traducen como EL MÍO, LA MÍA, LOS MÍOS, LO TUYO, EL TUYO, etc.

Recuerda también no poner «THE» delante de ellos; es incorrecto.

MAL ⇨ This car is *the* mine

BIEN ⇨ This car is *mine*

Este coche es *el mío*

VOCABULARIO					
LA FAMILIA - THE FAMILY					
Masculino	**Masculine**	**Femenino**	**Feminine**	**Masculino y femenino**	**Masculine & Feminine**
abuelo	grandfather	abuela	grandmother	abuelo y abuela	grandparents
padre	father	madre	mother	padre o madre	parent
hijo	son	hija	daughter	padre y madre	parents
hermano	brother	hermana	sister	hijo o hija	child
marido	husband	esposa	wife	hijos e hijas	children
tío	uncle	tía	aunt	nieto o nieta	grandchild
nieto	grandson	nieta	granddaughter	nietos y nietas	grandchildren
cuñado	brother-in-law	cuñada	sister-in-law	primo o prima	cousin
sobrino	nephew	sobrina	niece		
suegro	father-in-law	suegra	mother-in-law		
yerno	son-in-law	nuera	daughter-in-law		

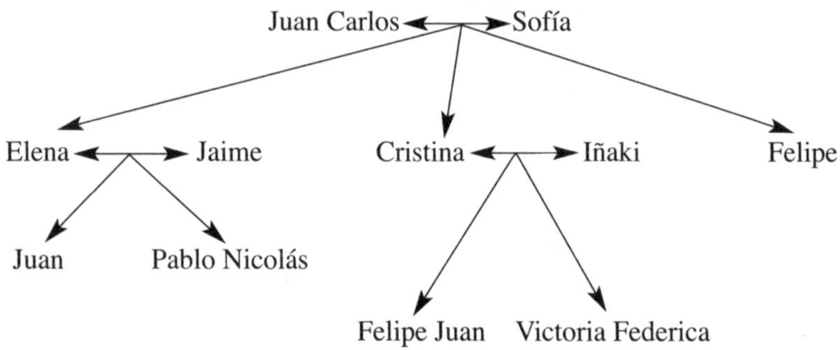

✎ Ejemplos:

Who is Juan Carlos? He's Sofía***'s*** husband
(¿Quién es Juan Carlos?) He's Elena, Cristina and Felipe***'s*** father
He's Felipe Juan, Juan and Victoria Federica***'s*** grandfather
He's Jaime and Iñaki***'s*** father-in-law

↳**NOTA.** «'S» hace la función de la preposición DE en español.

Juan Carlos es *el marido* (1) *de* (2) *Sofía* (3)

Juan Carlos is *Sofía* (3) *'s* (2) *husband* (1)

(¿quién?) de (parentesco)

↳ PERSONA + 'S + PARENTESCO ⇨ Sofía**'s** husband (El marido *de* Sofía)

Es decir, primero se pone el nombre de la persona (3). A continuación se pone el «'S» señalando el genitivo sajón o el equivalente de DE (2), y al final se pone la palabra que indica su relación con el sujeto que se define (1).

POSESIÓN
☹
ERRORES COMUNES

✎ Ejemplos

MAL ⇨Juan Carlos is Sofia's *wife*
BIEN ⇨ Juan Carlos is Sofia*'s husband*
→ Juan Carlos es el marido de Sofía
En esta frase el genitivo sajón sirve para definir quién es Juan Carlos con respecto a Sofía, y no al revés.

MAL ⇨Elena is *the woman of* Jaime
BIEN ⇨ Elena is *Jaime's wife*
→ Elena es la esposa de Jaime
La mujer o esposa de alguien se expresa con la palabra «wife».

MAL ⇨ Iñaki is *the husband of Cristina*
BIEN ⇨ Iñaki is *Cristina's husband*

→ Iñaki es el marido de Cristina
Para hablar de las relaciones de familia se utiliza el genitivo sajón.

MAL ⇨ We are *of* Rome
BIEN ⇨ We are *from* Rome
→ Somos de Roma
Las ciudades no son dueñas de las personas.

MAL ⇨This is a *love's* song
BIEN ⇨ This is a *song of love* / This is a *love song*
→ Ésta es una canción de amor
El amor no es un ser animado y, por lo tanto, no se utiliza es genitivo sajón en este caso.

MAL ⇨*The Margaret's eyes* are green
BIEN ⇨ *Margaret's eyes* are green
→Los ojos de Margarita son verdes
No se utiliza el artículo «the» delante de los nombres de las personas.

MAL ⇨Jonathan is *brother Amanda*
BIEN ⇨ Jonathan is *Amanda's brother*
→ Jonathan es el hermano de Amanda
La palabra «brother» viene después de la persona relacionada, y no delante, y se pone «'s» al final de «Amanda».

MAL ⇨ That book is *my*
BIEN ⇨ That book is *mine*
→ Ese libro es mío
Los adjetivos posesivos (my, your, his, her, etc.) van delante de los sustantivos.

MAL ⇨ John is a friend of *him*
BIEN ⇨ John is a friend of *his*
→ Juan es un amigo de él
Después de un sustantivo, para hablar de pertenencia o posesión se utilizan los pronombres posesivos, y no los pronombres objeto.

MAL ⇨The Tajo is the longest river *of* Spain
BIEN ⇨ The Tajo is the longest river *in* Spain
→ El Tajo es el río más lago de España
«Of» expresa posesión, y los lugares o países no son poseedores de los ríos ni de las montañas.

MAL ⇨ The *owner's dog* was a boy
BIEN ⇨ The *dog's owner* was a boy
→ El dueño del perro era un niño
La primera frase significa: *El perro del dueño era un niño*. La segunda significa: *El dueño del perro era un niño*. Recuerda: el genitivo sajón se aplica al poseedor.

• EL VERBO TO HAVE Y TO HAVE GOT

Hay dos verbos que se utilizan para expresar posesión: TO HAVE GOT y TO HAVE.

☞ **TO HAVE** es más común en inglés norteamericano y necesita el verbo auxiliar DO para hacer su forma negativa e interrogativa en presente simple.

☞ **TO HAVE GOT** es más común en inglés británico, y para hacer su forma negativa e interrogativa en el presente simple **no** necesita el verbo auxiliar DO.

HAVE GOT - FORMA AFIRMATIVA		
Sujeto	**Forma plena y contracta**	**Complemento**
I You	*have got* *'ve got*	a brother a house sisters friends a cold a stomachache a headache two bicycles a cold red hair etc.
He She It Isabel Oliver	*has got* *'s got*	
We You They Bill & Claire	*have got* *'ve got*	

HAVE GOT - FORMA NEGATIVA		
Sujeto	**Forma plena y contracta**	**Complemento**
I You	*have not got* *haven't got*	a brother a house sisters friends a cold a stomachache a headache two bicycles a cold red hair etc.
He She It Nick Ramona	*has not got* *hasn't got*	
We You They Kate & Kurt	*have not got* *haven't got*	

<table>
<tr><th colspan="4">HAVE GOT - FORMA INTERROGATIVA</th></tr>
<tr><th>Have/Has</th><th>Sujeto</th><th>Got</th><th>Complemento</th></tr>
<tr><td>Have</td><td>I, you</td><td rowspan="3">got</td><td rowspan="3">a brother?
a house?
sisters?
friends?
a cold?
a stomachache?
a headache?
two bicycles?
a cold?
red hair?</td></tr>
<tr><td>Has</td><td>he, she, it,
Thelma, Chris</td></tr>
<tr><td>Have</td><td>we, you, they,
Pamela & Jacob</td></tr>
</table>

<table>
<tr><th colspan="3">HAVE GOT - RESPUESTA CORTA</th></tr>
<tr><th>Yes/No</th><th>Sujeto</th><th>Verbo</th></tr>
<tr><td rowspan="3">Yes,</td><td>I
you</td><td>have</td></tr>
<tr><td>he
she
it</td><td>has</td></tr>
<tr><td>we
you
they</td><td>have</td></tr>
<tr><td rowspan="3">No,</td><td>I
you</td><td>haven't</td></tr>
<tr><td>he
she
it</td><td>hasn't</td></tr>
<tr><td>we
you
they</td><td>haven't</td></tr>
</table>

TO HAVE GOT
☹
ERRORES COMUNES

✎ Ejemplos

MAL ⇨ The temperature is zero. I'*ve* got cold
BIEN ⇨ The temperature is zero. I'*m* cold
→ La temperatura es cero. Tengo frío
Para decir «Tengo frío» se utiliza el verbo «to be», es decir, «I'm cold».

MAL ⇨ *Have* you *got* thirsty?
BIEN ⇨ *Are* you thirsty?
→ ¿Tienes sed?
MAL ⇨ *Have* you hungry?
BIEN ⇨ *Are* you hungry
→ ¿Tienes hambre?
En inglés no se «tiene» sed ni hambre. Se está sediento o hambriento.

MAL ⇨He *has got* fifteen years old
BIEN ⇨ He *is* fifteen years old
→ Tiene quince años
La edad se expresa en inglés con «to be», no con «to have» (poseer).

MAL ⇨ The dog *hasn't got no* food
BIEN ⇨ The dog *hasn't got any* food
→ El perro no tiene nada de comida

MAL ⇨ Don't rob me! I have*n't* got *nothing*
BIEN ⇨ Don't rob me! I have*n't* got *anything*
→ ¡No me robe! No tengo nada
En inglés NUNCA se ponen dos negativos seguidos.

MAL ⇨ Jack *have* got a brother
BIEN ⇨ Jack *has* got a brother
→ Jack tiene un hermano
La tercera persona singular es «has».

MAL ⇨ I haven't got many money
BIEN ⇨ I haven't got *much* money
→ No tengo mucho dinero
No se dice «muchos dinero» sino «mucho dinero».

MAL ⇨ Jill has got much money
BIEN ⇨ Jill has got *a lot of* money
→ Jill tiene mucho dinero
En frases afirmativas no se utiliza «much», sino «a lot of».

MAL ⇨ My friend has got glasses and *a* long hair
BIEN ⇨ My friend has got glasses and long hair
→ Mi amigo lleva (tiene) gafas y el pelo largo
MAL ⇨ She has *a* beautiful hair
BIEN ⇨ She has beautiful hair
→ (Ella) Tiene el pelo bonito
Es muy difícil que mi amigo tenga «un» solo pelo largo o ella «un» solo pelo bonito. Por lo tanto, no lleva «a».

MAL ⇨ I have got *a* good news
BIEN ⇨ I have got good news
→ Tengo buenas noticias
Las noticias («news») en inglés siempre son incontables y no llevan el artículo «a».

MAL ⇨ Jack doesn't *has* money
BIEN ⇨ Jack doesn't *have* money
→ Jack no tiene dinero
Después de «doesn't» se pone «have», nunca «has».

MAL ⇨ He's a stomachache
BIEN ⇨ He's *got* a stomachache
→ (Él) Tiene dolor de estómago
Si se utiliza la forma contracta de «has», no se omite el «got».

Los verbos modales

☞ **MODALES PUROS:** CAN, COULD, MAY, MIGHT, MUST, SHOULD, WILL, WOULD
☞ **SEMI-MODALES:** DARE, NEED, OUGHT TO

☞ Tienen unas **CARACTERÍSTICAS ESPECIALES:**

- ➪ La tercera persona del singular **no** añade **«-s»** final en el presente simple.
- ➪ El verbo modal se sitúa al **principio** de la pregunta en una frase **interrogativa.**
- ➪ **No** se añade **«to» antes de un verbo en infinitivo** que sigue a un verbo modal.
- ➪ La **interrogación** se forma añadiendo **«not»** después del verbo modal.

Véanse los siguientes capítulos: «Órdenes y sugerencias», «Habilidad y capacidad» y «Expresando obligación».

ÓRDENES Y SUGERENCIAS

IMPERATIVOS

☞ Cuando se quiere decir a alguien que haga algo, se utiliza el imperativo, ya sea para animarle a que haga o no haga algo, o para reprenderle.

Forma afirmativa	Forma negativa
Verbo en infinitivo sin TO	DON'T + Verbo en infinitivo sin TO
Sit on the chair! ¡Siéntate en la silla!	*Don't sit* on the table! ¡No te sientes en la mesa!

➩ Puede ir con ALWAYS («siempre») y NEVER («nunca») al principio de la frase.

Always be nice to people — Sé siempre agradable con la gente
Never be a bully — Nunca seas un matón

SUGERENCIAS Y OFRECIMIENTOS

☞ Para sugerir actividades en las que también nos incluimos, se utiliza el imperativo plural.

Let + 's (us) + verbo sin TO (+ complemento)

Let's go out (afirmativo) — Salgamos
Let's not stay at home (negativo) — No nos quedamos en casa

➪ Para ofrecerse a hacer algo o pedir consejo se utiliza SHALL.

Shall + I/we + verbo sin TO (+ complemento) +?

Shall I help you with your homework?	¿Te ayudo con tus deberes?
Shall we tell him?	¿Se lo decimos?

➪ HOW ABOUT y WHAT ABOUT son otras maneras de sugerir, aconsejar o invitar a alguien a hacer algo. Detrás de ellas se debe de poner el verbo con -ING:

How about going to the cinema tomorrow?
¿Qué te parece ir al cine mañana?

What about buying that for Xmas?
¿Qué te parece comprar eso para Navidad?

How about some fish for dinner?
¿Qué te parece cenar pescado?

PETICIONES

☞ El imperativo para hacer peticiones resulta en general insolente. Se suele utilizar:

Will + you + verbo sin TO (+ complemento) +?

Will you help me?	¿Me ayudas?
Will you lend me your scooter?	¿Me prestarás tu «scooter»?

➪ En ocasiones formales se puede utilizar la misma fórmula cambiando WILL por WOULD:

Would you carry my bag?	¿Podrías llevarme la bolsa?

➪ WILL también se utiliza para expresar decisiones espontáneas:

I'*ll* buy you a present	Te compro un regalo
(The phone rings) I'*ll* answer it	(El teléfono suena) Yo contesto

➪ COULD o CAN para hacer peticiones:

Can/Could + sujeto + verbo sin TO (+ complemento) +?

Can/Could you help me?	¿Me ayudas?
Can/Could you phone me later?	¿Me puedes llamar luego?
Can/Could I use your pen?	¿Me dejas usar tu boli?
Can/Could I have a glass of water?	¿Me das un vaso de agua?

➪ MAY se utiliza para pedir algo o para pedir permiso también en primera persona:

May I use your phone?	¿Puedo utilizar su teléfono?
May I sit here?	¿Puedo sentarme aquí?
May I have a glass of water?	¿Me da un vaso de agua?

✎ **NOTA.** El verbo BORROW significa TOMAR PRESTADO, y por eso las peticiones se forman con I o con WE. El verbo LEND significa PRESTAR, y para hacer peticiones se utiliza YOU.

Can/Could/May I *borrow* your pen?	¿Puedo tomar prestado tu boli?
Can/Could you *lend* me your pen?	¿Me dejas tu boli?

☞ **WOULD LIKE.**

➪ Para pedir cosas en tiendas, agencias u otros establecimientos públicos, no se debe utilizar I WANT... (Yo quiero...), porque resulta grosero. En su lugar se utiliza I WOULD LIKE... (Me gustaría...):

I'd like some information about buses
Me gustaría información sobre los autobuses

I'd like a bigger size, please
Me gustaría una talla mayor, por favor

➪ OFRECIMIENTOS E INVITACIONES CON WOULD LIKE:

Would + sujeto + like + infinitivo con TO (+ complemento) +?

Would you like to come to my party?	¿Te gustaría venir a mi fiesta?

Would you like a sandwich?	¿Quieres un bocadillo?
Would you like some orange juice?	¿Quieres zumo de naranja?

↬ **NOTA.** La respuesta a estas preguntas es YES, PLEASE. / NO, THANKS. Observa que aunque WOULD YOU LIKE...? tiene forma de pregunta, se usa SOME y no ANY con los ofrecimientos.

☞ **CONSEJO.**

sujeto + should + infinitivo con TO (+ complemento)

➪ SHOULD se traduce como DEBERÍA y es una manera más correcta de aconsejar que el imperativo. En su forma interrogativa sirve para ofrecer y pedir consejo:

You *should* go to the doctor when you are ill
Deberías ir al médico cuando estés malo

You *should* not eat so many sweets
No deberías comer tantos caramelos

Should we tell him everything?
¿Deberíamos contárselo todo?

HABILIDAD Y CAPACIDAD

CAN

☞ Para decir que sabemos o no sabemos hacer una cosa, se utiliza CAN en afirmativo, o CANNOT o CAN'T, en negativo. Puede traducirse como PODER o SABER (ser capaz de algo).

Afirmativa	Sujeto + CAN + verbo en infinitivo sin TO + (complemento)
Negativa	Sujeto + CAN'T + verbo en infinitivo sin TO + (complemento)
Interrogativa	CAN + sujeto + verbo en infinitivo sin TO + (complemento) +?

She *can* read	Ella sabe leer
They *can't* play the piano	Ellos no saben cantar
Can he play football?	¿Sabe (él) jugar al fútbol?

➩ CAN es un verbo modal y todas sus personas son iguales. No lleva «S» en las terceras personas singular, ni auxiliar para interrogar o negar.

COULD

☞ Se utiliza para expresar lo mismo que CAN, pero en pasado. En todas las personas la forma es igual, y no necesita auxiliar para interrogar o negar. También significa PODÍA, PUDE o PODRÍA.

Afirmativa	Sujeto + COULD + verbo en infinitivo sin TO + (complemento)
Negativa	Sujeto + COULDN'T + verbo en infinitivo sin TO + (complemento)
Interrogativa	COULD + sujeto + verbo en infinitivo sin TO + (complemento) +?

I *could* swim when I was five
Yo sabía nadar cuando tenía cinco años

He *could* understand French when he was four
Él podía entender francés cuando tenía cuatro años

Could you speak English when you were ten?
¿Sabías hablar inglés cuando tenías diez años?

✎ **NOTA.** El verbo PLAY significa tocar un instrumento o jugar a un juego. Con los juegos en inglés no se pone el artículo THE.

We *can* play the guitar but we can't play tennis
Sabemos tocar la guitarra, pero no sabemos jugar al tenis

TO BE ABLE TO

☞ Para expresar que se sabe o se puede hacer algo en presente se utiliza CAN; para expresar lo mismo en pasado se emplea COULD, y para los demás tiempos (futuros, perfectos) se emplea TO BE ABLE TO.

- A diferencia de CAN y COULD, este verbo tiene todos los tiempos.
- Para expresar PODER/SABER con el **futuro:**

Afirmativa	Sujeto + WILL BE ABLE TO + verbo en infinitivo sin TO + (complemento)
Negativa	Sujeto + WON'T BE ABLE TO + verbo en infinitivo sin TO + (complemento)
Interrogativa	WILL + sujeto + BE ABLE TO + verbo en infinitivo sin TO + (complemento) +?

You *will be able to* see the Statue of Liberty in New York
Podrás ver la Estatua de la Libertad en Nueva York

They *won't be able to* use cellphones on the plane
Ellos no podrán usar teléfonos móviles en el avión

Will *she be able to* see pandas in China?
¿Podrá ella ver osos panda en China?

➪ Para expresar PODER/SABER con el **presente perfecto:**

Afirmativa	Sujeto + HAS/HAVE BEEN ABLE TO + verbo en infinitivo sin TO + (complemento)
Negativa	Sujeto + HASN'T/HAVEN'T BEEN ABLE TO + verbo en infinitivo sin TO + (complemento)
Interrogativa	HAS/HAVE + sujeto + BE ABLE TO + verbo en infinitivo sin TO + (complemento) +?

She*'s been able to* drive since she was eighteen
Ella sabe conducir desde los dieciocho años

He *hasn't been able to* finish his work yet
Él no ha podido terminar su trabajo todavía

How long *have you been able to* read?
¿Cuánto tiempo hace que sabes leer?

➪ Para expresar PODER/SABER **con el pasado perfecto:**

Afirmativa	Sujeto + HAD BEEN ABLE TO + verbo en infinitivo sin TO + (complemento)
Negativa	Sujeto + HADN'T BEEN ABLE TO + verbo en infinitivo sin TO + (complemento)
Interrogativa	HAD + sujeto + BE ABLE TO + verbo en infinitivo sin TO + (complemento) + ?

They *had been able to* finish their work before they went on holidays
Ellos habían podido acabar su trabajo antes de irse de vacaciones

He *had not been able to* use the computer until he went to classes
Él no había sabido usar el ordenador hasta que fue a clases

⇨ TO BE ABLE TO en **presente** y **pasado simple** son menos comunes, ya que en estos tiempos significa SER CAPAZ DE (capacidad física) y no saber o poder.

My cousin is one and he is able to talk
Mi primo tiene un año y es capaz de hablar

Elena is blind and she was able to win a swimming competition
Elena es ciega y (ella) fue capaz de ganar una competición de natación

HABILIDAD Y CAPACIDAD
☹
ERRORES COMUNES

✎ Ejemplos

MAL ⇨ I'll be *able go* your house tonight
BIEN ⇨ I'll be *able to go* to your house tonight
→ Voy a poder ir a tu casa esta noche
«Able» va seguido por «to».

MAL ⇨ Stephanie *can to play* chess
BIEN ⇨ Stephanie *can play* chess
→ Stephanie sabe jugar al ajedrez
«Can» no va seguido por verbo en infinitivo con «to».

MAL ⇨ Philip *can* Maths
BIEN ⇨ Philip *knows* Maths
→ Philip sabe matemáticas
«Can» expresa saber realizar algo, y no saber en el sentido abstracto.

EXPRESANDO OBLIGACIÓN

MUST

☞ Significa DEBER y se utiliza para hablar de **obligaciones personales** (según la persona que habla).

You *must* stop bitting your nails
Debes dejar de morderte las uñas

Must I be nice to uncle Franklin?
¿Debo ser amable con el tío Franklin?

➪ El pasado de MUST es HAD TO.

MUST - DEBER				
Afirmativas	Sujeto	MUST	verbo infinitivo sin TO	(complemento) (si hay)
Negativas	Sujeto	MUSTN'T		
Interrogativas	MUST	sujeto		

HAVE TO

☞ Significa TENER QUE y se utiliza para hablar de **obligaciones impersonales** (según lo que generalmente se cree).

You have to behave yourself well at the school ceremony
Tienes que comportarte bien en la ceremonia del colegio

I don't have to work on Sundays — No tengo que trabajar los domingos
Do *we have to* study now? — ¿Tenemos que estudiar ahora?

HAVE TO - TENER QUE					
Afirmativas	Sujeto/s	HAS TO HAVE TO	verbo infinitivo sin TO		(complemento) (si hay)
Negativas	Sujeto/s	DOESN'T HAVE TO DON'T HAVE TO DIDN'T HAVE TO ETC.			
Interrogativas	Does Do Did Etc.	Sujeto/s	HAVE TO	verbo infinitivo sin TO	

NEED

☞ Significa NECESITAR O HACER FALTA QUE. Se utiliza como un **verbo normal** y como un **verbo auxiliar** modal en preguntas y negativa.

She needs to have a rest — Ella necesita tener un descanso
She needn't buy a ticket — No necesita comprar una entrada
She doesn't need to buy a ticket — No necesita comprar una entrada
Does she need to telephone? — ¿Hace falta que llame?
Need she telephone? — ¿Hace falta que llame?

SHOULD

☞ Significa DEBERÍA y se utiliza **para dar consejos**.

SHOULD - DEBERÍA				
Afirmativas	Sujeto	SHOULD	verbo infinitivo sin TO	(complemento) (si hay)
Negativas	Sujeto	SHOULDN'T		
Interrogativas	SHOULD	sujeto		

PREGUNTAS WH-? Y HOW...?

☞ **WHAT...?** Significa ¿QUÉ...? o ¿CUÁL...? y, para no confundirlo con «Which», se utiliza cuando hay un número grande de opciones:

What's your name?	¿Cómo te llamas?
What colour is her car?	¿De qué color es su coche?
What's his job?	¿Cuál es su trabajo?

☞ **WHICH...?** Significa ¿CUÁL...? y se utiliza para preguntar cuando hay un número limitado de opciones:

Which is your car, the blue one or the white one?
¿Cuál es tu coche, el azul o el blanco?

☞ **WHO...?** Significa ¿QUIÉN...?:

Who is your favourite singer? ¿Quién es tu cantante favorito?

☞ **WHY...?** Significa ¿POR QUÉ...?:

Why are you sad?	¿Por qué estás triste?

☞ **WHERE...?** Significa ¿DÓNDE...?:

Where is Seattle?	¿Dónde está Seattle?

☞ **WHEN...?** Significa ¿CUÁNDO...?:

When is your birthday?	¿Cuándo es tu cumpleaños?

☞ **WHOSE...?** Significa ¿DE QUIÉN...? o ¿DE QUIÉNES...? Se utiliza para preguntar por la pertenencia:

Whose shirt is this?	¿De quién es esta camisa?

☞ **HOW...?** Significa ¿CÓMO...?:

How is your grandfather? ¿Cómo está tu abuelo?

How	*old* *tall* *wide* *long* *far* *deep* ...	is are am	he she Andrew Elizabeth the river America we you I	?

✎ **NOTA.** En las oraciones en inglés no se omiten los sujetos. Acuérdate de poner *siempre* los nombres o pronombres que correspondan en las preguntas.

When is *it?* ¿Cuándo es?
Where is *(he/she/it)?* ¿Dónde está?

PREGUNTAS WH-? / HOW...?			
Forma en inglés	**Forma en español**	**preguntando por...**	**Ejemplos**
What...?	¿Qué...?	cosas	What is that? ¿Qué es (eso)?
Which...?	¿Qué / Cuál/es...?	cosas	Which one is mine? ¿Cuál es el/la mío/a?
Who...?	¿Quién...?	personas	Who is she? ¿Quién es (ella)?
Why...?	¿Por qué...?	razón	Why are you here? ¿Por qué estás aquí?
Where...?	¿Dónde...?	lugares	Where do you live? ¿Dónde vives (tú)?
When...?	¿Cuándo...?	hora	When is your birthday? ¿Cuándo es tu cumpleaños?
Whose...?	¿De quién/es...?	pertenencia	Whose coat is this? ¿De quién es este abrigo?

Forma en inglés	Forma en español	preguntando por...	Ejemplo
How...?	¿Cómo...?	explicación	How does this work? ¿Cómo funciona esto?
How many...?	¿Cuántos/as...?	cantidades (plural)	How many books are here? ¿Cuántos libros hay aquí?
How much...?	¿Cuánto/a...?	cantidades (singular)	How much milk is here? ¿Cuánta leche hay aquí?
How big, old,...?	¿Cómo de grande...?	información más específica/detallada	How big is your cousin? ¿Cómo de grande es tú primo?

RECÍPROCOS

☞ **EACH OTHER.** Significa EL UNO AL OTRO, MUTUAMENTE. Se utiliza cuando dos personas realizan la misma acción recíprocamente. Los recíprocos se colocan detrás del verbo en la frase.

He loves her. She love him → They love each other
Él le ama. Ella le ama → Se aman

Albert and Douglas had an argument and they are not talking to *each other*
Albert y Douglas tuvieron una riña y no se hablan

➪ Algunos verbos que normalmente pueden ir acompañados de recíprocos son: look at, listen to, love, hate, speak, talk, like, dislike, need, understand, can't stand, believe.

☞ **SO, NEITHER, NOR.** Se utilizan para expresar acuerdo con lo que dice otra persona.

➪ SO se utiliza para decir que se está de acuerdo con la frase afirmativa que ha dicho otra persona.

➪ NEITHER y NOR se utilizan para decir que se está de acuerdo con la frase negativa que ha dicho otra persona. NOR es menos común y más formal que NEITHER.

➪ Tanto SO como NEITHER se ponen delante del auxiliar, y a continuación se pone el sujeto.

SO - AFIRMATIVAS	
Debra: I like coffee	Debra: Me gusta el café
Julia: So do I	Julia: A mí también
Debra: I can swim	Debra: Yo sé nadar
Julia: So can I	Julia: Yo también
Debra: I've got a watch	Debra: Tengo un reloj
Julia: So have I	Julia: Yo también
Debra: I'm English	Debra: Yo soy inglesa
Julia: So am I	Julia: Yo también
Debra: I was there	Debra: Estuve ahí
Julia: So was I	Julia: Yo también
Debra: I ate bread yesterday	Debra: Comí pan ayer
Julia: So did I	Julia: Yo también
Debra: I've been in Madrid	Debra: He estado en Madrid
Julia: So have I	Julia: Yo también

NEITHER - NEGATIVAS	
Debra: I don't like tea	Debra: No me gusta el té
Julia: Neither do I	Julia: A mí tampoco
Debra: I can't play golf	Debra: No sé jugar al golf
Julia: Neither can I	Julia: Yo tampoco
Debra: I haven't got a dog	Debra: No tengo perro
Julia: Neither have I	Julia: Yo tampoco
Debra: I'm not Italian	Debra: Yo no soy italiana
Julia: Neither am I	Julia: Yo tampoco
Debra: I wasn't here yesterday	Debra: No estuve aquí ayer
Julia: Neither was I	Julia: Yo tampoco
Debra: I didn't eat pizza yesterday	Debra: No comí pizza ayer
Julia: Neither did I	Julia: Yo tampoco
Debra: I haven't been to Lisbon	Debra: No he estado en Lisboa
Julia: Neither have I	Julia: Yo tampoco

⇨ Cuando uno opina de forma diferente que otra persona, se pone el sujeto y el verbo auxiliar como si fuera una respuesta corta, pero omitiendo YES o NO.

OPINIONES DISTINTAS	
Debra: I like milk	Debra: Me gusta la leche
Julia: I don't	Julia: A mí no
Debra: I like meat	Debra: Me gusta la carne
Julia: I don't	Julia: A mí no
Debra: I've got a cat	Debra: Tengo un gato
Julia: I haven't	Julia: Yo no
Debra: I'm thirsty	Debra: Tengo sed
Julia: I'm not	Julia: Yo no

CONJETURAS

☞ Para hacer conjeturas sobre el presente y el pasado se usan COULD, MAY, MIGHT, MUST, HAVE TO y CAN'T.

➩ CAN no se usa para especulaciones en frases afirmativas.

CONJETURAS			
PRESENTE	*can't be*	no puede ser	hay certeza de que no
	may be	puede ser puede que sea	hay posibilidad
	might/could be	podría ser podía ser	hay poca posibilidad
	must be	debe ser ha de ser	hay bastante certeza de que sí
PASADO	*can't have been*	no pudo haber sido	hay certeza de que no
	may have been	pudo haber sido	hay posibilidad
	might/could have been	podría haber sido podía haber sido	hay poca posibilidad
	must have been	debió haber sido	hay bastante certeza de que sí

QUESTION TAGS

☞ Pregunta «coletilla» que se pone al final de una frase.

Se traduce como ¿VERDAD?, ¿EH? o ¿NO? Se utiliza para pedir confirmación a nuestro interlocutor sobre lo que estamos diciendo, para invitarle a decir algo al respecto y para suavizar el tono de los imperativos.

➪ Son preguntas hechas a la frase afirmativa o negativa que acabamos de pronunciar. Con ellas se utilizan los pronombres sujeto, y no nombres propios. Si la oración que hemos pronunciado es afirmativa, la QUESTION TAG llevará el auxiliar en forma negativa, y si se trata de una oración negativa, la QUESTION TAG llevará el auxiliar en forma afirmativa.

Frase afirmativa	→	Question tag en negativa
Frase negativa	→	Question tag en afirmativa

➪ Con oraciones en las que el sujeto es PEOPLE, SOMEBODY, NOBODY o EVERYBODY, en la QUESTION TAG se utiliza el pronombre THEY.

QUESTION TAGS			
FRASES EN AFIRMATIVO	**Question tag AUXILIAR (–) CON PRONOMBRE PERSONAL**	**FRASES EN NEGATIVO**	**Question tag AUXILIAR (+) CON PRONOMBRE PERSONAL**
Bill's English	*, isn't he?*	Janet isn't German	*, is she?*
Megan's watching TV	*, isn't she?*	Ray isn't studying	*, is he?*
Alison can swim	*, can't she?*	Bob can't ski	*, can he?*
Tom could swim	*, couldn't he?*	Delia couldn't swim	*, could she?*
Jeff was able to...	*, wasn't he?*	Ellis was able to...	*, was he?*
Sonia will be able to...	*, won't she?*	Pablo won't be able to...	*, will he?*
There is a book	*, isn't there?*	There isn't a car	*, is there?*
There was a house	*, wasn't there?*	There wasn't a car	*, was there?*
Sammy was hot	*, wasn't he?*	Candy wasn't cold	*, was she?*
The machine works	*, doesn't it?*	Celia doesn't like it	*, does she?*
They bought it	*, didn't they?*	Adam didn't take it	*, did he?*
Jim has been to Italy	*, hasn't he?*	Clint hasn't talked	*, has he?*
Jamie had seen the film	*, hadn't she?*	Ana hadn't read the book	*, had she?*

LAS ORACIONES CONDICIONALES

☞ Son dos oraciones unidas por una condición. Expresan **SITUACIONES HIPOTÉTICAS** (imaginarias) y sus resultados. Si una se cumple, la otra también se cumplirá. Estas oraciones a menudo van separadas por comas. **IF** significa SI condicional. En la frase donde aparece IF se expresa la condición, y en la otra frase, el resultado.

Hay tres tipos de oraciones condicionales:

- ➪ Condicional tipo I (para condiciones con resultados posibles o seguros)
- ➪ Condicional tipo II (para expresar situaciones imaginarias)
- ➪ Condicional tipo III (situaciones imaginarias en el pasado)

CONDICIONALES TIPO I

☞ Para **condiciones con resultados posibles** o **seguros.**

➪ **1.º** A este tipo se le puede considerar condicional seguro, puesto que si la primera oración que lleva IF se cumple, la siguiente oración se cumple también.

CONDICIONAL TIPO I							
IF	**sujeto**	**verbo en PRESENTE**	**(complemento)**	**,**	**sujeto**	**verbo en PRESENTE**	**(complemento)**
If	you	heat	ice	,	it	melts	—

If you *heat* ice, it *melts*
Si calientas el hielo, se derrite

If you *leave* a piece of iron in water, it *rusts*
Si dejas un trozo de hierro en agua, se oxida

→ También se puede utilizar en frases en las que aparecen CAN y MAY para expresar permiso y posibilidad.

If you *don't have* a racket, you *can't* play tennis
Si no tienes una raqueta, no puedes jugar al tenis

You *can* watch TV if you *want* to
Puedes ver la tele si quieres

You *may* go to the concert *if* you *promise* to come home early
Puedes ir al concierto si prometes volver a casa pronto

➪ **2.º** Con imperativos.

CONDICIONAL TIPO I						
IF	**sujeto**	**verbo en PRESENTE**	**(complemento)**	,	**IMPERATIVO (+) o (–)**	**(complemento)**
If	you	don't like	it	,	don't eat	it

If you don't like it, *don't eat it*	Si no te gusta, no te lo comas
If you see her, *say* «Hello»	Si la ves, dile hola
If you don't understand it, *ask* me	Si no lo entiendes, pregúntame

➪ **3.º** Si la frase con IF se cumple, la frase siguiente se cumplirá, o al menos tendrá la posibilidad de cumplirse. Aunque aparece la forma futura con WILL, no necesariamente implica que en español utilicemos el futuro para expresar estas ideas.

CONDICIONAL TIPO I							
IF	**sujeto**	**verbo en PRESENTE**	**(complemento)**	,	**sujeto**	**verbo en FUTURO**	**(complemento)**
If	you	help	me	,	I	will help	you

If you *help* me, *I'll help* you	Si me ayudas, te ayudo/te ayudaré
If he *comes, I'll talk* to him	Si viene, hablo con él/hablaré con él

☞ SE USA EN LAS **CONDICIONALES TIPO I:**

➩ **UNLESS**
Significa A MENOS QUE O A NO SER QUE (Si no...). En frases condicionales donde aparece UNLESS, la palabra IF no aparecerá:

Unless you pay me well, I won't do it. o
If you *don't* pay me well, I won't do it
A menos que me pagues bien, no lo haré

➩ **AS LONG AS**
Significa SIEMPRE/MIENTRAS QUE... En frases condicionales donde aparece AS LONG AS, la palabra IF no aparecerá:

As long as you don't move, the dog won't bite you
Mientras/Siempre que no te muevas, el perro no te morderá

➩ **WHEN**
Se trata de condicionales seguros de primer tipo que sólo dependen de que llegue el momento adecuado para poder cumplirse:

When it gets dark, bats come out
Cuando oscurece, salen los murciélagos

We'll go shopping *when* my mother comes
Iremos de compras cuando venga mi madre

What will you do *when* you finish school?
¿Qué harás cuando acabes el colegio?

CONDICIONALES TIPO II

☞ Para **expresar situaciones imaginarias.**

CONDICIONAL TIPO II							
IF	**sujeto**	**verbo en PASADO**	**(complemento)**	**,**	**sujeto**	**verbo con WOULD**	**(complemento)**
If	I	had	a yacht	,	I	would travel	around the world

If I *had* a yacht, I *would travel* around the world
Si tuviera un yate viajaría alrededor del mundo

If I *spoke* Chinese, I *could live* in China
Si hablara chino podría vivir en China

What *would* you *do if* you *were* twenty-two years old?
¿Qué harías si tuvieras veintidós años?

NOTA. COULD, SHOULD y MIGHT pueden aparecer en lugar de WOULD.

If I knew his phone number, I *could* phone him
Si supiera su número de teléfono, podría llamarle

☞ SE USA EN LAS **CONDICIONALES TIPO II:**

➪ BE

Si el verbo TO BE es el verbo que va en la frase junto a IF se suele utilizar la forma WERE (subjuntivo) para todas las personas. El uso de WAS se considera coloquial y a veces es incorrecto.

If I *were* tall, I'd play basketball
Si fuera alto/a, jugaría al baloncesto

What would he do if he *were* the teacher?
¿Qué haría él si fuera el profesor?

➪ IF I WERE YOU...

IF I WERE YOU..., IF I WERE (+ somebody else)... significa SI YO FUERA TÚ..., YO EN TU LUGAR..., SI YO FUERA (otra persona)...

If I were you, I wouldn't go to bed so late
Yo en tu lugar no me iría a la cama tan tarde

If I were your mother, I'd make you help in the house
Si yo fuera tu madre te obligaría a ayudar en la casa

What woud you do *if you were* the president?
¿Qué harías si fueras el presidente?

CONDICIONALES TIPO III

☞ Para **situaciones imaginarias en el pasado.**

CONDICIONAL TIPO III							
IF	sujeto	HAD + PARTICIPIO	(complemento)	,	sujeto	WOULD HAVE + PARTICIPIO	(complemento)
If	you	had invited	me to your party	,	I	would have gone.	–

If you *had invited* me to your party, I *would have gone*
Si me hubieras invitado a tu fiesta, habría ido

If it *hadn't rained* last Friday, I *would have gone* to the beach
Si no hubiera llovido el viernes pasado, hubiera ido a la playa

What *would* you *have done* if you *had lost* your passport?
¿Qué hubieras hecho si hubieras perdido el pasaporte?

CUADRO RESUMEN DE LA FORMACIÓN DE LOS CONDICIONALES			
Tipo	**Cláusula 1**	**Cláusula 2**	**Ejemplos**
I Especulando sobre el futuro	(IF + verbo en PRESENTE), o IF + SEE/S, COME/S, etc.	+ (verbo en FUTURO) o con WILL o GOING TO	*If* I *see* him, *I'll* tell him o *I'll* tell him *if* I *see* him
II Situaciones imaginarias en el presente	(IF + verbo en PASADO) o IF + WAS/WERE, HAD, ATE, etc.	+ (verbo en CONDICIONAL) con WOULD, COULD, SHOULD, MIGHT	*If* I *won* the lottery I *would help* others o I *would help* others *if* I *won* the lottery
III Situaciones imaginarias en el pasado	(IF + verbo en PASADO PERFECTO) o (IF + HAD + PARTICIPIO)	+ (verbo en CONDICIONAL PERFECTO) con WOULD/COULD HAVE + PARTICIPIO	If I *had studied*, I *would have passed* the examination o I *would have passed* the examination *if* I *had studied*

☞ **I WISH**

Significa OJALÁ y expresa deseos de realización imposible sobre el presente o el pasado. Se utiliza de una forma parecida al segundo y tercer condicional.

➩ Si el deseo se refiere al presente, el verbo de la segunda frase va en pasado simple o continuo:

I wish I *had* a dog	¡Ojalá tuviera un perro!
I wish he *were* here	¡Ojalá él estuviera aquí!

➩ Si el deseo se refiere al pasado, el verbo de la segunda frase va en pasado perfecto simple o continuo:

I wish I *hadn't missed* the bus	¡Ojalá no hubiera perdido el autobús!
I wish I *had bought* that book	¡Ojalá hubiera comprado ese libro!

<table>
<tr><th colspan="6">CONDICIONALES Y LOS TIEMPOS</th></tr>
<tr><td rowspan="8">IF</td><td rowspan="8">sujeto</td><td colspan="3">TIPO I</td><td rowspan="8">complemento (si hay)</td></tr>
<tr><td rowspan="3">verbo en PRESENTE</td><td rowspan="3">,</td><td>IMPERATIVO</td></tr>
<tr><td>verbo en PRESENTE</td></tr>
<tr><td>verbo en FUTURO</td></tr>
<tr><td colspan="3">TIPO II</td></tr>
<tr><td>verbo en PASADO</td><td>,</td><td>WOULD + VERBO</td></tr>
<tr><td colspan="3">TIPO III</td></tr>
<tr><td>HAD + PARTICIPIO</td><td>,</td><td>WOULD HAVE + PARTICIPIO</td></tr>
</table>

ESTILO DIRECTO E INDIRECTO

Hay dos formas de transmitir lo que nos ha dicho una persona: con el estilo directo o con el estilo indirecto.

ESTILO DIRECTO

☞ Repite **EXACTAMENTE LAS PALABRAS** que la persona nos dijo. En inglés escrito aparece entre comillas y la frase empieza por mayúscula.

> Mary: And the boss said, «Mary, you're lucky to work for us. This is a great company. By the way, can you finish these four hundred interviews by tomorrow?» Then, I quit
>
> Mary: Y el jefe dijo: «Mary, tienes suerte de trabajar para nosotros. Ésta es una gran compañía. A propósito, ¿puedes terminar estas cuatrocientas entrevistas para mañana?». Y entonces, dejé el trabajo

ESTILO INDIRECTO

☞ Cuenta lo que la persona nos dijo, pero **NO REPITE EXACTAMENTE SUS PALABRAS.** El estilo indirecto no tiene forma interrogativa puesto que las preguntas se «hacen», no se «cuentan». Se puede contar el contenido de una pregunta, pero no contar una pregunta. Por lo tanto, en estilo indirecto no aparecerán signos de interrogación ni auxiliares precediendo al sujeto.

➪ El orden de la frase siempre será SUJETO + VERBO, y no al revés.

Mary: The boss told me that I was lucky to work for them. He told me it was a great company. Then, he asked me if I could finish those four hundred interviews by the day after.
Mary: El jefe me dijo que tenía suerte de trabajar para ellos. Él me dijo que era una gran compañía. Entonces me dijo que si podía terminar aquellas cuatrocientas entrevistas para el día después.

➪ Al pasar de estilo directo a indirecto, en inglés o en español, ocurren cambios en los sujetos, tiempos y adverbios.

Rebecca asked for help with an exercise
Rebecca pidió ayuda con un ejercicio

➪ Los verbos SAID (dijo) y ASKED (pidió, preguntó) de los ejemplos de arriba pertenecen a un grupo de verbos utilizados con el propósito de formar estos estilos (REPORTING VERBS). Los principales verbos de este clase son ASK, SAY y TELL. La elección del verbo para estilo indirecto depende del contenido de la frase de estilo directo, de si contiene un imperativo, sugerencia, etc.

☞ **THAT.**

Significa QUE en frases de estilo indirecto y se usa después del verbo (SAY, TOLD, etc.). THAT se puede omitir, pero si se quiere hacer la frase más formal, sí se utiliza.

☞ **IMPERATIVOS.**

Se suele usa el verbo TELL para formar frases en estilo indirecto con imperativos (órdenes). Si el imperativo es positivo, se usa la forma del infinitivo con TO del verbo en la frase en estilo indirecto. Ten en cuenta que TELL necesita un objeto personal para indicar a quién se refiere, y QUE no se traduce.

(DIRECTO)	«Look!», Stephen said	«¡Mira!», dijo Stephen
(INDIRECTO)	Stephen *told me to look*	Stephen *me dijo que mirara*

Si el imperativo es negativo se usa NOT TO delante del infinitivo.

(DIRECTO)	«Don't look!», Christine said	«¡No mires!», dijo Christine
(INDIRECTO)	Christine *told me not to look*	Christine *me dijo que no mirara*

☞ **FRASES AFIRMATIVAS.**

➪ Si el contenido de la frase es reciente se puede usar el verbo de *reporting* en presente.

Dad *says* (that) he *wants* to see you
Papá *dice* que *quiere* verte

George *says* (that) he'*s coming* tonight
George dice que *viene* esta noche

➪ Si lo que se dijo no es reciente, el verbo de *reporting* cambia de tiempo, y el contenido también de acuerdo con esto.

(DIRECTO) «I'm the best», the boxer said
«Soy el mejor», dijo el boxeador

(INDIRECTO) The boxer *said* (that) he *was* the best
El boxeador *dijo* que (él) *era* el mejor

Observa que en la frase de arriba de estilo directo el boxeador usa I (yo), pero no podemos utilizar I (yo) en la frase indirecta. Sería ilógico decir: «El boxeador dijo que yo era el mejor». Por tanto, a la hora de usar estilo indirecto hay que tener cierto cuidado, ya que puede haber cambios de esta clase en los tiempos, referencias a horas determinadas, lugares, pronombres y demostrativos.

➪ **TELL.** Sólo se utiliza con los imperativos y consejos para formar el estilo indirecto. SAY es incorrecto en este caso. Recuerda que después de TELL debe especificarse un objeto personal, y THAT no se usa.

(DIRECTO) «Stand up, Mr. Band», the captain said
«Levántese, señor Band», dijo el capitán

(INDIRECTO) The captain *told* Mr. Band to stand up
El capitán le dijo al señor Band que se levantara

Sujeto	**TOLD**	**Objeto personal**	**TO (+)** / **NOT TO (–)**	**Infinitivo**
The captain	told	Mr Band	to	stand up
			not to	sit down

➪ **SAY.** Se suele usar más que TELL en estilo directo, pero tanto SAY como TELL se pueden usar con frases afirmativas y negativas en estilo indirecto. Con TELL se suele especificar con quién se estaba hablando, y con SAY, no.

(DIRECTO) «I'm hungry», I said
Tengo hambre, dije

(INDIRECTO) I said (that) I was hungry
Dije que tenía hambre

(DIRECTO) «I'm hungry», I said to my mother
Tengo hambre, le dije a mi madre

(INDIRECTO) I told my mother I was hungry
Le dije a mi madre que tenía hambre

<table>
<tr><th>Sujeto</th><th>SAID</th><th>(TO + objeto personal)</th><th>(THAT)...</th><th>CONTENIDO</th></tr>
<tr><td rowspan="3">I</td><td>said</td><td>(to my mother)</td><td rowspan="3">(that)</td><td rowspan="3">I was hungry</td></tr>
<tr><td>TOLD</td><td>objeto personal</td></tr>
<tr><td>told</td><td>my mother</td></tr>
</table>

☞ **FRASES INTERROGATIVAS.**

➪ **ASK.** Se usa para preguntas en estilo indirecto. La fórmula depende de la forma de la pregunta original. Si la pregunta empezó con un verbo (DOES, DID, ARE, etc.), se forma la frase de estilo indirecto de la siguiente forma:

(DIRECTO) «Are you English?», Sharon asked me
«¿Eres inglés?», me preguntó Sharon

(INDIRECTO) Sharon asked (me) if I was English
Sharon me preguntó (a mí) si yo era inglés

Sujeto	**ASKED**	**(objeto personal)**	**IF O WHETHER**	**sujeto**	**verbo**	**(complemento)**
Sharon	asked	me	if	I	was	English
Sharon	me preguntó	a mí	si	yo	era	inglés

✎ **NOTA.** SI se traduce por IF O WHETHER opcionalmente. Si la pregunta original empezó con un pronombre interrogativo (who, what, etc.), se forma de la siguiente manera:

The man asked (me): «Where do you live?»
El hombre me preguntó dónde vivía

Sujeto	ASKED	(objeto personal)	where, when, etc.	sujeto	verbo	(complemento) si hay
The man	asked	(me)	where	I	lived	—
El hombre	me preguntó	(a mí)	dónde	(yo)	vivía	—

✎ **NOTA.** Ya que la frase de estilo indirecto no es en sí una pregunta, no aparece el verbo auxiliar, en este caso DO/DID.

RESUMEN UTILIZACIÓN DE SAY, TELL Y ASK CON ESTILO INDIRECTO		
Frases afirmativas o negativas	usa SAY o TELL	Sujeto SAID (TO + objeto personal) (THAT)... o Sujeto TOLD objeto personal (THAT)...
Frases con imperativos	usa TELL	Sujeto TOLD objeto personal TO / NOT TO verbo (complemento)
Frases con preguntas	usa ASK	Sujeto ASKED (+ objeto personal) if/why/when...

☞ **CAMBIOS EN LOS PRONOMBRES PERSONALES.**

Suele ser necesario cambiar los pronombres en estilo indirecto. Ya no es la misma persona la que habla.

Robert said: «*I* like Spain» Robert said (that) *he* liked Spain

☞ **CAMBIOS DE LOS TIEMPOS.**

Si el verbo que introduce la frase se usa en pasado, se suelen efectuar cambios en los tiempos de la frase original adecuándola para poder comunicar, ya que es muy probable que haya transcurrido tiempo desde entonces.

(el sábado en su fiesta de cumpleaños) Joan said: «I *am* very happy»
(el lunes siguiente) Joan told us (that) she *was* happy on Saturday

➪ Si el verbo que introduce está en presente, futuro o presente perfecto, los tiempos suelen ser los mismos que los de la frase original.

GUÍA RÁPIDA DE CAMBIOS EN LOS TIEMPOS (si el verbo de *reporting* está en pasado)		
Presente	→	Pasado
Pasado	→	Pasado o pasado perfecto
Presente perfecto o Pasado perfecto	→	Pasado perfecto
can	→	could
will	→	would
may	→	might
shall	→	should
must	→	had to
could, would, might, should, ought to, used to, had better	→	sin cambio

ESTILO INDIRECTO - CAMBIOS EN LOS TIEMPOS			
	ESTILO DIRECTO	**CAMBIA A →**	**ESTILO INDIRECTO**
SIMPLES	**PRESENTE**	→	**PASADO**
	«My name is Agatha Mary Clarissa» Mi nombre es Agatha Mary Clarissa	→ →	... her name was Agatha Mary Clarissa ... su nombre era Agatha Mary Clarissa
	PASADO	→	**PASADO PERFECTO**
	«I didn't go to school» Yo no fui a colegio	→ →	... she hadn't gone to school ... ella no había ido a colegio
	FUTURO	→	**CONDICIONAL**
	«I will always love Devon» Siempre amaré a Devon	→ →	... she would always love Devon ... ella siempre amaría a Devon
	PRESENTE CONTINUO	→	**PASADO CONTINUO**
	«I'm writing a novel» Estoy escribiendo una novela	→ →	... she was writing a novel … ella estaba escribiendo una novela

CONTINUOS	**PASADO CONTINUO**	→	**PASADO PERFECTO CONTINUO**
	When I was writing *The Mystery of the Train*, my husband divorced me	→	When she had been writing...
	Cuando estaba escribiendo *El misterio del tren*, mi marido se divorció de mí	→	Cuando ella había estado escribiendo...
	FUTURO CONTINUO	→	**CONDICIONAL CONTINUO**
	I'll be publishing my new book soon	→	She would be publishing her new book...
	Yo publicaré mi nuevo libro dentro de poco	→	Ella estaría publicando su nuevo libro...
PERFECTOS	**PRESENTE PERFECTO**	→	**PASADO PERFECTO**
	The Mousetrap has been a success	→	*The Mousetrap* had been a success
	La ratonera ha sido un éxito	→	*La ratonera* había sido un éxito
	PRESENTE PERFECTO CONTINUO	→	**PASADO PERFECTO CONTINUO**
	I have always been interested in interior decoration	→	She had always been interested...
	Siempre he estado interesada en la decoración de interiores	→	Ella había estado siempre interesada en...
	PASADO PERFECTO	→	**NO CAMBIA**
	My mother had never seen a house as perfect as Greenhave	→	Her mother had never seen...
	Mi madre nunca había visto una casa tan perfecta como Greenhave	→	Su madre nunca había visto...
	PASADO PERFECTO CONTINUO	→	**NO CAMBIA**
	I had been wishing to buy that house for a long time	→	She had been wishing...
	Yo había estado deseando comprar esa casa durante mucho tiempo	→	Ella había estado deseando comprar…
MODALES	**CAN**	→	**COULD**
	WILL	→	**WOULD**
	SHALL	→	**SHOULD**
	MAY	→	**MIGHT**
	MUST	→	**HAD TO**
	COULD, WOULD, SHOULD, MIGHT, OUGHT TO, HAD BETTER, USED TO	→	**NO CAMBIAN**

VOCABULARIO

MESES DEL AÑO MONTHS OF THE YEAR	DÍAS DE LA SEMANA DAYS OF THE WEEK	ESTACIONES DEL AÑO SEASONS OF THE YEAR
January - enero February - febrero March - marzo April - abril May - mayo June - junio July - julio August - agosto September - septiembre October - octubre November - noviembre December - diciembre	Monday - lunes Tuesday - martes Wednesday - miércoles Thursday - jueves Friday - viernes Saturday - sábado Sunday - domingo * Los meses del año y los días de la semana siempre van con mayúscula.	Spring - primavera Summer - verano Autumn - otoño Winter - invierno * Las estaciones del año pueden ir con mayúscula o minúscula indistintamente.

MEDIOS DE TRANSPORTE - TRANSPORTATION	
by car	en coche
by bus	en autobús
by plane	en avión
by taxi	en taxi
by ship	en barco
by bicycle	en bicicleta
EXCEPCIONES	
on foot	a pie
on horseback	a caballo

PESOS Y MEDIDAS - WEIGHTS AND MEASUREMENTS	
inch	pulgada
foot	pie
centimetre	centímetro
metre	metro
kilometre	kilómetro
mile	milla
litre	litro
pint	pinta
ounce	onza
gramme	gramo
pound	libra
kilo	kilo
ton	tonelada

LA FAMILIA - THE FAMILY					
Masculino	**Masculine**	**Femenino**	**Feminine**	**Masculino y femenino**	**Masculine & Feminine**
abuelo	grandfather	abuela	grandmother	abuelo y abuela	grandparents
padre	father	madre	mother	padre o madre	parent
hijo	son	hija	daughter	padre y madre	parents
hermano	brother	hermana	sister	hijo o hija	child
marido	husband	esposa	wife	hijos e hijas	children
tío	uncle	tía	aunt	nieto o nieta	grandchild
nieto	grandson	nieta	granddaughter	nietos y nietas	grandchildren
cuñado	brother-in-law	cuñada	sister-in-law	primo o prima	cousin
sobrino	nephew	sobrina	niece		
suegro	father-in-law	suegra	mother-in-law		
yerno	son-in-law	nuera	daughter-in-law		

abuela - grandmother
abuelita - granny
abuelito - granddad
abuelo - grandfather
abuelo y abuela - grandparents
abuelo o abuela - grandparent
antepasado - ancestor
cuñada - sister-in-law
cuñado - brother-in-law
descendiente - descendant
esposa - wife
familia de acogida - foster parents
familia monoparental - single-parent family
familiar - relative
gemelo/a - twin
hermana - sister
hermanastra - stepsister
hermanastro - stepbrother
hermano - brother
hermano o hermana - sibling
hija - daughter
hijo - son
hijo/a único/a - only child
hijos e hijas - children
huérfano - orphan
madrastra - stepmother
madre - mother
mamá - mum
mami - mummy
marido - husband
nieta - granddaughter
nieto - grandson
nieto o nieta - grandchild
nieto y nieta - grandchildren
nuera - daughter-in-law
padrastro - stepfather
padre - father
padre o madre - parent
padre y madre - parents
papá - dad
papi - daddy
parientes políticos - in-laws

primo o prima - cousin
quatrillizos/as - quads
sobrina - niece
sobrino - nephew
suegra - mother-in-law
suegro - father-in-law
tía - aunt
tío - uncle
tita - auntie
trillizos/as - triplets
viuda - widow
viudo - widower
yerno - son-in-law

ALOJAMIENTOS - ACCOMMODATION

abadía - abbey
adosada en hilera - terraced house
apartamento - apartment
asilo de ancianos - old folks' home
bungalow, casa de una planta - bungalow
cabaña de madera - log-cabin
caravana, rulot - caravan
cárcel, prisión - gaol
cárcel, prisión - jail
casa adosada - semidetached
casa de campo - cottage
casa de campo/playa - villa
casa de huéspedes - boarding house
casa de okupas - squat
casa móvil - mobile home
casa no adosada - detached house
castillo - castle
casucha - hovel
cementerio - cemetery
chalé, chalet - chalet
choza - hut
convento - convent
cuartel - barracks
hogar, casa - home
hospital - hospital
hotel - hotel
iglú - igloo
internado - boarding school
mansión - mansion
monasterio - monastery
motel - motel
palacio - palace
pensión - guest house
penthouse, ático - penthouse
piso - flat
prisión, cárcel - prison
rancho - ranch
reformatorio - reformatory
taberna, posada - inn
tienda de campaña, carpa - tent
tipi - tepee, teepee
vivienda de una granja - farmhouse

LA CASA (INTERIOR) - THE HOUSE (INTERIOR)

abrelatas - tin opener
adorno - ornament
aire acondicionado - air conditioning
alfombra - rug
almohada - pillow
aparador (GB) - sideboard
aparador (US) - buffet
armario - wardrobe
arriba - upstairs
ascensor (GB) - lift
ascensor (US) - elevator
aseo - toilet
aspirador - vacuum cleaner
bañera - bath

barandilla - handrail
batidora - mixer
bidet, bidé - bidet
bodega - cellar
bombilla - light bulb
cacerola - saucepan
cafetera - coffee pot
cajón - drawer
calefacción central - central heating
calefactor - heater
calentador de agua - water heater
cama - bed
cenicero - ashtray
césped - lawn
chimenea, hogar - fireplace
cochera - garage
cocina - cooker
cocina - kitchen
cojín - cushion
colcha - bedspread
colchón - mattress
comedor - dining room
cómoda (GB) - chest of drawers
cómoda (US) - bureau
congelador - freezer
cortinas - curtains
cuadro - picture
cuarto de baño - bathroom
cuchara - spoon
cucharilla - teaspoon
cuchillo - knife
despacho - study
despensa - pantry
despertador - alarm clock
desván - loft
desván, ático - attic
detergente - washing powder
dormitorio - bedroom
ducha - shower
edredón - duvet
enchufe - plug
entrada - hall
escaleras - stairs
escoba - broom
escudilla - bowl
espejo - mirror
estante - bookshelf
fregadero - sink
frigorífico - fridge
funda (de almohada) - pillowcase
grifo - tap
hornillo - hob
horno - oven
jabón - soap
jarrón - vase
lámpara - lamp
lavabo - washbasin
lavadora - washing machine
lavaplatos - dishwasher
lavavajillas - washing-up liquid
lejía - bleach
librería - bookcase
manta - blanket
mecedora - rocking chair
mesa - table
mesita de salón - coffee table
microondas - microwave
moqueta - carpet
muebles - furniture
pantalla - lampshade
papel pintado - wallpaper
piso de abajo - downstairs
piso de arriba - upstairs
plancha - iron
platillo dc la taza - saucer
plato - plate
pomo, picaporte - handle
porche - porch
puerta - door
puerta de atrás - back door
puerta principal - front door
rejilla - grate

rellano de la escalera - landing
reloj (pared) - clock
repisa - shelf
repisa de la chimenea - mantelpiece
ropa de cama - bedclothes
sábana - sheet
sacacorchos - corkscrew
sala de estar - living room
sartén - frying pan
secador (de ropa) - tumbledrier
silla - chair
sillón - armchair
sofá - sofa
sofá (GB) - settee
sótano - basement
suelo - floor
tabla de planchar - ironing board
taza - cup
tazón - mug
techo - ceiling
tejado - roof
teléfono - telephone
televisor - television
tenedor - fork
tetera - teapot
timbre - doorbell
toalla - towel
tocador - dressing table
tostador - toaster
trapo - cloth
vaso/copa - glass
ventana - window
ventilador - fan
vídeo - video

LA CASA (EXTERIOR) - THE HOUSE (EXTERIOR)

alcantarilla - drain
aldaba - knocker
alféizar - windowsill
antena - aerial
antena parabólica - satellite dish
buzón - letterbox
camino de acceso - drive
canalón - gutter
chimenea - chimney
garaje - garage
jardín delantero - front garden
jardín trasero - back garden
pared - wall
porche - porch
puerta principal - front door
puerta trasera - back door
puerta, verja - gate
tejado - roof
timbre - doorbell
valla - fence
ventana - window

ANIMALES - ANIMALS

alce - moose
ardilla - squirrel
ardilla listada - chipmunk
armadillo - armadillo
armiño - stoat
asno - ass
ballena - whale
bisonte - bison
buey - ox
bueyes - oxen
búfalo - buffalo
burro - donkey
burro - jackass
caballo - horse

cabra - goat
camello - camel
canguro - kangaroo
castor - beaver
cebra - zebra
cerdo - pig
chimpancé - chimpanzee
ciervo - deer
comadreja - weasel
conejillo de Indias - guinea pig
conejo - rabbit
cordero - lamb
dromedario - dromedary
elefante - elephant
erizo - hedgehog
foca - seal
gacela - gazelle
gallina - hen
gallina de Guinea - guinea fowl
ganso, oca - goose
gansos, ocas - geese
gato - cat
gorila - gorilla
hiena - hyena
hipopótamo - hippopotamus
hurón - ferret
jabalí - boar
jabalí verrugoso - warthog
jaguar - jaguar
jirafa - giraffe
koala - koala
león - lion
leopardo - leopard
leopardo cazador - cheetah
liebre - hare
lince - lynx
lirón - dormouse
llama - llama
lobo - wolf
mangosta - mongoose
mapache - raccoon
mofeta - skunk
mono - monkey
morsa - walrus
mula - mule
murciélago - bat
nutria - otter
oso - bear
oso polar - polar bear
oveja - sheep
pantera - panther
pato - duck
pavo - turkey
perro - dog
pollo, gallina - chicken
puerco - hog
puerco espín - porcupine
puma - puma
rata - rat
ratón - mouse
reno - reindeer
tejón - badger
tigre - tiger
topo - mole
toro - bull
vaca - cow
yac, yak - yak
zorro - fox

ROPA - CLOTHES

abanico - fan
abrigo (H) - overcoat
abrigo, chaquetón - coat
albornoz - bathrobe
anillo - ring
anorac - anorak
apretado/a/s, ajustado/a/s - tight
bañador (H) - swimming trunks

bata - dressing gown
bermudas - Bermudas
betún, crema para el calzado - shoe polish
bikini - bikini
billetero, cartera - wallet
blusa - blouse
boina - beret
bolsillo - pocket
bolso - handbag
bombín - bowler hat
botas - boots
botas de goma - wellingtons
botón - button
bragas (AmE) - panties
bragas (BrE) - knickers
bragueta - flies
broche - brooch
bufanda - scarf
calcetín - sock
calzoncillos - underpants
calzoncillos, bragas - briefs
camisa - shirt
camiseta - T-shirt
camiseta (BrE), chaleco (AmE) - vest
camisón - nightdress
capa - cloak
capucha - hood
casco - helmet
casco protector - crash helmet
cepillo para calzado - shoebrush
chaleco - waistcoat
chándal - tracksuit
chapa - badge
chaqueta - jacket
chaqueta de lana* - jumper
cinta - ribbon
cinturón - belt
collar (joyas) - necklace
combinación - slip
con cuello de pico - v-necked
con cuello redondo - crew-necked
conjunto - outfit
corbata (AmE) - necktie
corbata (BrE) - tie
cordones - laces
cremallera (AmE) - zipper
cremallera (BrE) - zip
cuello - collar
cuello de cisne - turtleneck
de cuello alto - polo-necked
delantal - apron
desnudar(se) - undress
desnudo/a/s - naked
diseñador - designer
dobladillo - hem
enaguas - petticoat
esmoquin - dinner jacket
falda - skirt
falda escocesa - kilt
falda pantalón - culottes
fleco - fringe
fular - cravat
gabardina - trench coat
gemelos - cufflinks
gorra - cap
guantes - gloves
hebilla - buckle
impermeable - raincoat
impermeable (BrE) - mac
ir bien, favorecer - suit
jersey - jersey
joyas (AmE) - jewelry
joyas (BrE) - jewellery
lazo - bow
leotardos, pantys (BrE) - tights
liga - suspender
liga (AmE) - garter
llevar/traer puesto - wear wore worn
maletín, portafolios - briefcase
manga - sleeve
mantón, chal - shawl
medias - stockings

medias, panties (AmE) - pantyhose
minifalda - miniskirt
modista, costurera - dressmaker
monedero (BrE) - purse
mono - jumpsuit
mono (de trabajo), guardapolvo - overalls
pajarita - bow tie
pantalón corto - shorts
pantalón de peto - dungarees
pantalón, pantalones (AmE) - pants
pantalón, pantalones (BrE) - trousers
pantalones de pana - cords
pantalones de sport - slacks
pañuelo - headscarf
paraguas - umbrella
peluca - wig
pendiente - earring
pijama (AmE) - pajamas
pijama (BrE) - pyjamas
pin - insignia
poner(se) - put on
pretina, cinturilla - waistband
probador - changing room
probar - try on
pulóver - pullover
pulsera - bracelet
puño - cuff
quedar bien (de talla) - fit
quitar(se) - take off
rebeca, chaqueta (de punto) - cardigan
ropa interior - underwear
sandalias - sandals
sari (para mujeres indias) - sari
sastre - tailor
slip - underpants
solapa - lapel
sombrero - hat
sombrero de copa - top hat
subir la cremallera - zip up
sudadera - sweatshirt
suelto/a/s, amplio/a/s - loose
suéter - sweater
sujetador - bra
tacón de aguja - stiletto heel
tacones altos - high heels
talla - size
tirante - strap
tirantes - braces
traje - suit
traje de baño (M + F) - swimming costume
turbante - turban
uniforme - uniform
vaqueros, tejanos - jeans
velo - veil
vestido, vestir(se) - dress
vestirse - get dressed
vuelta de pantalón (AmE) - cuff
vuelta de pantalón (BrE) - turn-up
zapatillas de atletismo - track shoes
zapatillas de casa - slippers
zapatillas de deporte - trainers
zapatillas de gimnasia - gym shoes
zapatos - shoes
zuecos - clogs

COMIDA EN GENERAL - GENERAL FOOD

aceite de oliva - olive oil
aceituna - olive
besamel - bechamel sauce
canelones - canneloni
cangrejo - crab
caracol - snail
caramelo de café - toffee
carne de cerdo - pork
carne de vaca - beef
caviar - caviar

chocolate - chocolate
chucherías - titbits
chuleta - chop
comida basura - junk food
confitura - jam
copos de maíz - cornflakes
corazón - heart
crepe - crèpe
cuajada - junket
curry - curry
delicias turcas - Turkish Delight
donut - doughnut
encurtidos - pickles
ensalada - salad
espagueti - spaghetti
estofado - stew, casserole
filete - steak
filete de solomillo - sirloin steak
flan - flan/creme caramel
fondue - fondue
galleta - biscuit
galleta para bebés - rusk
galleta salada - cracker
gazpacho - gazpacho
gelatina - jelly
golosina - sweet
helado - ice-cream
huevo - egg
huevo duro - hard-boiled egg
jamón York - cooked ham
leche - milk
macarrones - macaroni
manteca de cerdo - lard
mantequilla - butter
margarina - margarine
mayonesa - mayonnaise
mazapán - marzipan
merengue - meringue
mermelada de naranja amarga - marmalade
miel - honey
mostaza - mustard
nata - cream
nata montada - whipped cream
natillas - custard
nube - marshmallow
palomitas de maíz - popcorn
pan - bread
pan de jengibre - gingerbread
pan rallado - breadcrumbs
panqueque - pancake
pasas de Corinto - currants
pastel - cake
pastel, empanada - pie
patatas fritas - chips
patatas fritas (de bolsa) - crisps
paté, pâté - pâté
pepinillo - gherkin
pizza - pizza
postre - dessert
postre de bizcocho, jerez y frutas - trifle
queso - cheese
salsa - sauce
salsa de tomate - tomato ketchup
sebo - suet
sesos - brains
soja - soya
sopa - soup
tarta - tart
tarta de manzana - apple pie
tentempié, refrigerio - snack
tomate - tomato
tortilla francesa - omelete
turrón - nougat
vinagre - vinegar
yogur - yoghurt
zumo - juice

CARNE - MEAT

asado - roast
beicon - bacon
carne de vaca - beef
carne en fiambre - cold meat
carne picada (AmE) - ground beef
carne picada (BrE) - mince
caza - game
cerdo - pork
chopped - chopped ham
chuleta - chop
chuleta pequeña - cutlet
conejo - rabbit
cordero - lamb
curry - curry
filete - steak
hamburguesa - hamburger
hamburguesa con queso - cheeseburger
hamburguesa de ternera - beefburger
hígado - liver
jamón - ham
jamón cocido - cooked ham
jamón curado - gammon
jamón serrano - ham on the bone
lengua - tongue
loncha de beicon - rasher
panceta ahumada, beicon - bacon
pavo - turkey
perrito caliente - hot dog
pollo - chicken
rabo de buey - oxtail
riñón - kidney
salchicha - sausage
solomillo - tenderloin
ternera - veal
venado - venison

BEBIDAS - DRINKS

agua - water
agua mineral - mineral water
agua mineral con gas - sparkling water
bebidas alcohólicas - hard drinks
bebidas no alcohólicas - soft drinks
brandy - brandy
cacao - cocoa
café - coffee
cava - cava
cerveza - beer
cerveza (sin lúpulo) - ale
cerveza amarga - bitter
cerveza negra - stout
cerveza rubia - lager
champán - champagne
chocolate en taza - hot chocolate
clara - shandy
clarete - claret
cóctel - cocktail
coñac - cognac
ginebra - gin
jerez - sherry
leche - milk
limonada - lemonade
manzanilla - chamomile
oporto - port
refresco de jengibre - ginger ale
ron - rum
sangría - sangria
sidra - cider
sifón - soda water
té - tea
tila - lime blossom
vermut - vermouth
vino - wine
vodka - vodka
zumo de frutas - fruit juice

FRUTAS Y FRUTOS SECOS - FRUIT AND NUTS

aguacate - avocado
albaricoque - apricot
almendra - almond
almeza - hackberry
anacardo - cashew
arándano - blueberry
avellana - hazelnut
cacahuete - peanut
castaña - chestnut
castaña dulce - sweet chestnut
cereza - cherry
chirimoya - custard apple
ciruela - plum
ciruela claudia - greengage
ciruela damascena - damson
ciruela pasa - prune
coco - coconut
coquito del Brasil - Brazil nuts
dátil - date
frambuesa - raspberry
fresa - strawberry
granada - pomegranate
granadilla - passion fruit
grosella - blackcurrant
grosella espinosa - gooseberry
guayaba - guava
higo - fig
higo chumbo - prickly pear
kiwi - kiwi fruit
lichi - lychee
lima - lime
limón - lemon
mandarina - tangerine
mango - mango
manzana - apple
melocotón - peach
melón - melon
mora - blackberry
mora de morera - mulberry
naranja - orange
nectarina - nectarine
níspero - medlar
nuez - walnut
papaya - pawpaw
pasa de Corinto - currant
pasa de Esmirna - sultana
pera - pear
piña - pineapple
piñón - pine kernel
pipa - sunflower seed
pistacho - pistachio
plátano - banana
pomelo - grapefruit
ruibarbo - rhubarb
sandía - watermelon
uva - grape
uva pasa - raisin

PESCADO Y MARISCO - FISH AND SHELLFISH

abadejo - haddock
ahumado - smoked
almeja - clam
anchoa - anchovy
anguila - eel
angula - elver
arenque - herring
arenque ahumado - kipper
atún - tuna
atunes - tunny
bacalao - cod
ballena - whale
barbo - barbel
berberecho - cockle

besugo - red bream
bígaro - (peri)winkle
bonito - striped tuna
breca - sea bream
buccino - whelk
caballa - mackerel
caballito de mar - seahorse
calamar/es - squid
camarón - shrimp
cangrejo - crab
carpa - carp
cazón - dogfish
centollo - large crab
congrio - conger eel
delfín - dolphin
emperador - swordfish
escarcho - roach
espinoso - stickleback
esturión - sturgeon
gallo - cork float
gamba - prawn
hueva - (hard) roe
hueva de bacalao - cod roe
jibia, sepia - cuttlefish
langosta (de mar) - lobster
langostino - crayfish
lenguado - sole
lubina - sea bass
lucio - pike
marisco - shellfish
medusa - jellyfish
mejillón - mussel
merluza - hake
mero - grouper
molusco - mollusk, mollusc
mújol - grey mullet
navajas - razor shells
nécora - small (edible) crab
ostra - oyster
percebe - barnacle
perro marino - dogfish
pescadilla - whiting
pez de color - goldfish
pez volador - flying-fish
piraña - piranha
plancton - plankton
platija - plaice
pulpo - octopus
rape - rape
raya - ray/skate
róbalo - haddock
rodaballo - turbot
salamandra - salamander
salmón - salmon
salmonete - red mullet
sardina - sardine
sardineta - sprat
tiburón - shark
tortuga - turtle
tortuga (AmE) - tortoise
trucha - trout
vieira - scallop

VERDURAS - VEGETABLES

achicoria - chicory
ajo - garlic
alcachofa - artichoke
alcaparras - capers
alubia - haricot bean
apio - celery
berenjena - aubergine
berro - cress
borraja - borage
brécol - broccoli
brote de soja/soya - bean sprouts
calabacín - courgette
calabaza - pumpkin
calabaza alargada - marrow

cebolla - onion
cebolleta - chive
cebollino - spring onion
chalote - scallion
chalote, chalota - shallot
champiñón - mushroom
chile - chilli
chirivía - parsnip
col de Bruselas - Brussels sprout
coliflor - cauliflower
endivias - endives
espárrago - asparagus
espinacas - spinach
garbanzo - chick pea
guisante - pea
haba - broad bean
judía - bean
judía blanca - haricot bean
judías verdes - French beans, green beans
lechuga - lettuce
lenteja - lentil
maíz - corn
maíz tierno - sweetcorn
nabo - turnip
nabo gallego - swede
patata - potato
pepinillo - gherkin
pepino - cucumber
pimienta - pepper
pimiento - pim(i)ento, sweet pepper
pimiento verde - green pepper
pimiento rojo - red pepper
puerro - leek
rábano - radish
remolacha - beetroot
repollo, col - cabbage
seta - mushroom
soja, soya - soya, soy
tomate - tomato
zanahoria - carrot

LA CIUDAD - THE CITY

abergue juvenil - youth hostel
academia de idiomas - language school
agencia de viajes - travel agency
albergue - hostel
ambulatorio - day centre
aparcamiento - car park
astillero - dockyard
ayuntamiento - town hall
banco - bank
banco hipotecario - building society
bar - bar
barbería - barber's
bodega (tienda) - off-licence
bolera - bowling alley
bomberos - fire brigade
bomberos (AmE) - fire station
burguer - hamburger restaurant
cabina de teléfono - phone booth
cabina de teléfono - phone box
cafetería - cafe
cafetería - coffee shop
calle - street
calle de sentido único - one-way street
callejón - alley
cámara de comercio - chamber of commerce
capilla - chapel
carnicería - butcher's
casa - house
casa de empeños - pawnshop
tienda de venta al por mayor - cash and carry
castillo - castle
catedral - cathedral
cementerio - cemetery
cementerio - graveyard
centro cultural - leisure centre
centro social - community centre

charcutería - delicatessen
cine - cinema
clínica dental - dental surgery
club - club
colegio - college
comidas para llevar - food kitchen
comisaría - police station
consulado - consulate
crematorio - crematorium
cuartel militar - barracks
dentista - dentist's
depósito de cadávers - mortuary
disco(-teca) - disco(-theque)
edificio de oficinas - office block
embajada - embassy
escaparate - shop window
escuela - school
estación de servicio (AmE) - gas station
estación de servicio (BrE) - petrol station
estación de ferrocarril - railway station
estanco - newsagent's
estanque - pond
estatua - statue
estudio fotográfico - photographic studio
fábrica - factory
fachada de una tienda - shop front
farmacia - chemist's
ferretería - hardware store
ferretería (BrE) - ironmonger's
floristería - florist's
floristería - flower shop
franquicia - franchise
fuente - fountain
funeraria - undertaker's
galería - gallery
galería comercial - shopping arcade
galería de arte - art gallery
gran almacén - department store
hospital - hospital
iglesia - church
imprenta - print shop
inmobiliaria - estate agent's
joyería - jewellery shop
juegos recreativos - amusement arcade
juzgado - court
librería - bookshop
manzana - block
mercadillo - flea market
mercería - haberdashery
metro - underground
monumento - monument
museo - museum
museo de cera - wax museum
oculista - optician's
oficina - office
oficina de correos - post office
oficina de desempleo - unemployment office
oficina de turismo - tourist office
palacio - palace
panadería - baker's
parada de autobús - bus stop
parque - park
pastelería - cake shop
peluquería - hairdresser's
pescadería - fishmonger's
piso - flat
pizzería - pizzeria
planetario - planetarium
polideportivo - sports centre/complex
prisión - prison
pub - pub
puente - bridge
puente peatonal - footbridge
puerto - docks
puerto - harbour
rascacielos - skyscraper
restaurante - restaurant
establecimiento de comida para llevar - takeaway
río - river
sala de conciertos - concert hall
salón - lounge
salón parroquial - church hall

sastrería - tailor's
sendero - lane
supermercado - supermarket
taller - garage
taller - workshop
tanatorio - morgue
teatro - theatre
teatro de ópera - opera house
templo - temple
tienda - shop
tienda (AmE) - store
tienda de alimentos integrales - wholefood shop
tienda de animales - pet shop
tienda de antigüedades - antique shop
tienda de apuestas - betting shop
tienda de artículos de broma - joke shop
tienda de barrio - corner chop
tienda de bricolaje - DIY store
tienda de bromas - novelty shop
tienda de curiosidades - curiosity shop
tienda de deportes - sports shop
tienda de discos - record shop
tienda de golosinas - sweetshop
tienda de informática - computer shop
tienda de muebles - furniture shop/store
tienda de objetos usados - junk shop
tienda de regalos - gift shop
tienda de ropa - boutique
tienda de ropa - clothes shop
tienda de souvenirs - souvenir shop
tienda de telas - draper's
universidad - university
verdulería - greengrocer's
zapatería - shoe shop
zoo - zoo

OFICIOS - JOBS

abogado/a - lawyer
acomodador - usher
acomodadora - usherette
actor - actor
actriz - actress
agente secreto - secret agent
agricultor - farmer
albañil - bricklayer
alcalde - mayor
ama/o de casa - home-maker
ama de casa - housewife
arqueólogo (AmE) - archeologist
arqueólogo (BrE) - archaeologist
arquitecto - architect
artista - artist
asistente/a social - social worker
astrólogo - astrologer
atleta - athlete
autor - author
auxiliar de laboratorio - laboratory assistant
auxiliar de vuelo (m + f) (BrE) - airsteward
azafata de vuelo (f) - airhostess
bailarín/rina - dancer
banquero/a - banker
barbero - barber
barrendero/a - road sweeper
basurero - dustman
basurero (BrE) - dustbin man
bibliotecario/a - librarian
biólogo/a - biologist
bombero - fireman
botones - bellboy
boxeador/a - boxer
caddie - caddie
cajero/a - cashier
camarera - waitress
camarero - waiter
cantante - singer
capataz - foreman
carnicero/a - butcher

carpintero/a - carpenter
carpintero/a de obra - joiner
cartero - postman/postwoman
cazador/a furtivo/a - poacher
cerrajero/a - locksmith
chófer - chauffeur
científico/a - scientist
cirujano/a - surgeon
clériga - clergywoman
clérigo - clergyman
cobrador/a de autobús - conductor
cocinero/a - cook
comerciante - shop owner
compositor/a - composer
conductor de autobús - bus driver
conductor, piloto - driver
conserje (BrE) - caretaker
conserje, portero - janitor
constructor/a - builder
contable - accountant
corredor/a de Bolsa - stockbroker
criada - maid
criador/a - breeder
cura - priest
delineante (AmE) - draftsman
delineante (BrE) - draughtsman
dentista - dentist
dependiente/a, ayudante - shop assistant
deportista (f) - sportswoman
deportista (m) - sportsman
detective - detective
diputado/a - deputy
directivo/a, director/a - director
director de colegio (AmE) - principal
director de colegio (BrE) - headmaster
director/a de orquesta - conductor
directora de colegio (BrE) - headmistress
diseñador/a - fashion designer
docente - teacher
dueño/a de estanco - tobacconist
dueño/a de papelería - stationer
economista - economist
editor/a - publisher
electricista - electrician
embajador/a - ambassador
empleado/a doméstico/a - domestic
empresaria - businesswoman
empresario - businessman
enfermero/a - nurse
enterrador - gravedigger
escritor/a - writer
escultor/a - sculptor
espía - spy
estibador/a - docker
farmacéutico/a (BrE) - chemist
fisiólogo/a - physiologist
fisioterapeuta - physiotherapist
florista - florist
fontanero/a - plumber
fotógrafo/a - photographer
funcionario/a - civil servant
funerario/a - undertaker
futbolista - football player
ganadero/a - cattle farmer
gerente, encargado/a - manager
guardacostas - coastguard
guardabosque - gamekeeper
herrero - blacksmith
herrero (BrE) - farrier
hombre rana, submarinista - frogman
ingeniero/a - engineer
investigador/a - researcher
jardinero/a - gardener
jefe/a - boss
jefe/a de bomberos fire chief
jefe/a de cocina - chef
jinete - jockey
joyero/a - jeweller
juez/a - judge
jugador/a - gambler
ladrón/ona de viviendas - housebreaker
limpiador/a - cleaner

locutor/a de continuidad (BrE) - announcer
mago/a - magician
maître (AmE) - maître
mampostero - stone mason
marinero - sailor
mayordomo - butler
mecánico/a - mechanic
mecanógrafo/a - typist
médico/a - doctor
minero/a - miner
minero/a de carbón - collier
ministro/a - minister
modelo - fashion model
modelo - model
modista - dressmaker
mozo - porter
mozo de cuadra - stable boy/lad
moza de cuadra - stable girl
mozo/a de cuadra - stable hand
mozo de labranzas - farmhand
músico - musician
musicólogo - musicologist
obrero/a de fábrica - factory worker
oculista - opthalmologist
oficial de policía - police officer
oficinista - clerk
óptico/a, oculista (BrE) - optician
panadero/a - baker
paracaidista - paratrooper
pastor/a - shepherd
payaso/a - clown
peluquero/a - hairdresser
peón de campo - cowhand
periodista - journalist
pescador/a - fisherman
piloto de aviones - pilot
pintor - painter
podólogo/a - chiropodist
político/a - politician
presidenta - chairwoman
presidente - chairman
profesor/a universitario/a - professor
programador, informático - computer programmer
psicoanalista - psychoanalyst
psicólogo/a - psychologist
psicoterapeuta - physiotherapist
psiquiatra - psychiatrist
químico/a - chemist
recepcionista - desk clerk
recepcionista - receptionist
reportero/a - reporter
representante - representative
revisor/a de tren - conductor
sastre - tailor
secretario/a - secretary
sindicalista - trade unionist
socorrista - lifeguard
soldado, militar - soldier
soldador/a - welder
taxista - taxi-driver
técnico de laboratorio - laboratory technician
técnico en informática - computer engineer
técnico/a - technician
telefonista - telephonist
tendero/a - grocer
tipógrafo/a - printer
torero/a - bullfighter
vaquera - cowgirl
vaquero - cowboy
vendedor - salesman
vendedor/a ambulante (AmE) - pedler (AmE)
vendedor/a ambulante (BrE) - pedlar (BrE)
vendedor/a de revistas - newsagent
vendedora - saleswoman
verdulero/a (BrE) - green grocer
veterinario/a - vet
viajante de comercio (BrE) - commercial traveller
vidriero/a - glazier
yesero/a - plasterer
zapatero - cobbler

JUEGOS Y DEPORTES - GAMES AND SPORTS

ala delta - hang-gliding
alpinismo, montañismo - climbing
atletismo - athletics
badminton - badminton
baloncesto - basketball
béisbol - baseball
billar americano - pool
billares - billiards
bolos - bowls
bolos - skittles
bolos de bolera - tenpin bowling
boxeo - boxing
cricket - cricket
croquet - croquet
curling - curling
dardos - darts
equitación - equestrian sports
equitación - horse riding
esgrima - fencing
esquí - skiing
frontón - handball
fútbol - football
fútbol americano - American football
fútbol canadiense - Canadian football
fútbol gaélico - Gaelic football
fútbol inglés - soccer
golf - golf
hípica - horse racing
hockey - hockey
hurling - hurling
judo - judo
juego de la herradura - horseshoes
jukskei - jukskei
lacrosse - lacrosse
levantamiento de pesas - weightlifting
montañismo - mountaineering
natación - swimming
netball - netball
paracaidismo - parachuting
paracaidismo - skydiving
patinaje - skating
petanca - boules
petanca - petanque
ping-pong - ping-pong
piragüismo - canoeing
polo - polo
puenting - bungee jumping
rugby - rugby
snooker - snooker
squash - squash
surf - surfing
tenis - tennis
tenis de mesa - table tennis
tiro - shooting
tiro con arco - archery
tiro al plato - trapshooting
voleibol, balonvolea - volleyball
waterpolo - water polo
windsurf - windsurfing

JUEGOS DE NIÑOS - CHILDREN'S GAMES

bingo de niños - lotto
búsqueda del tesoro - treasure hunt
canicas - marbles
cricket francés - French cricket
cu-cu, tras-tras - peekaboo
diábolo - diabolo
el avión - hopscotch
el escondite - hide-and-seek
el juego de la botella - spin the bottle
el rey de la montaña - king of the castle
escondite inglés - Who's got the ball?
hacer lo que manda el jefe - follow-the-leader

hulahop - hoop-la
juego de besos - postman's knock
juego de castañas - conkers
juego de recoger - scavenger hunt
juego de hacer cunitas o ataúdes - cat's cradle
jugar a esconder una cosa - hunt the thimble
jugar a las prendas - forfeits
la gallinita ciega - blind man's buff
la zapatilla por detrás - hunt the slipper
poste-pelota - bumble-puppy
prisionero - prisoner's base
saltar a la comba - skipping
saltar el burro - leapfrog
sillas musicales - musical chairs
tazo - tiddlywinks
variación de la gallinita ciega - hot cockles
veo-veo - I-spy

MEDICINA - MEDICINE

absceso - abscess
alergia - allergy
amigdalitis - tonsilitis
ampolla - blister
anemia (AmE) - anemia
anemia (BrE) - anaemia
apendicitis - appendicitis
artritis - arthritis
artrosis - rheumatoid arthritis
asma - asthma
asmático/a - asthmatic
ataque al corazón, infarto - heart attack
ataque epiléptico - epileptic fit
bronquitis - bronchitis
caer enfermo (AmE) - be/get sick
calambre - cramp
callo - corn
cáncer - cancer
ceguera - blindness
ciego/a - blind
cojera - lameness
cojo - lame
derrame cerebral - stroke
diabetes - diabetes
diarrea (AmE) - diarrhea
diarrea (BrE) - diarrhoea
diarrea (col.) - the runs
discapacitado, minusválido - disabled
disminuido, discapacitado - handicapped
dolor de cabeza - headache
dolor de espalda - backache
dolor de estómago - stomachache
dolor de garganta - sore throat
dolor de muelas - toothache
dolor de oído - earache
enfermedad, dolencia - disease
epidemia - epidemic
epilepsia - epilepsy
escarlatina - scarlet fever
esguince - sprain
estornudar - sneeze
estreñimiento - constipation
fiebre - fever
fiebre amarilla - yellow fever
flatulencia - flatulence
fractura - fracture
furúnculo - boil
gases, flatulencia (AmE) - gas
gases, flatulencia (BrE) - wind
grano - pimple
grano (BrE) - spot
gripe - flu
gripe - influenza
hemofilia (AmE) - hemophilia
hemofilia (BrE) - haemophilia
herida - injury
herida - wound
impedimento físico - physical handicap

indigestión - indigestion
infección - infection
infeccioso - infectious
infectar - infect
intoxicación - food poisoning
inválido/a - invalid
juanete - bunion
leucemia - leukaemia
llaga - sore
lumbago - lumbago
microbio - germ
migraña - migraine
mononucleosis - glandular fever
moretón - bruise
mudo/a - dumb
náusea - nausea
óptico/a - optician
orzuelo - stye
paperas - mumps
parálisis - paralysis
peste - plague
raquitismo - rickets
resfriado - cold
reumatismo - rheumatism
rubéola - German measles
sarampión - measles
sarpullido - rash
sida - AIDS
sordo/a - deaf
tos - cough
tos ferina - whooping cough
tumor - tumour
úlcera - ulcer
varicela - chickenpox
verruga - wart
VIH - HIV
virus - virus
virus (col.) - bug
vomitar - vomit
vomitar (BrE) - be/get sick
vomitar (col.) - throw up

ADJETIVOS

CARÁCTER - CHARACTER

aburrido/a/s (que aburre) - boring
agradable/s - pleasant
agresivo/a/s - aggressive
alegre/s - cheerful
amable/s - nice
amargado/a/s - bitter
ambicioso/a/s - ambitious
animado/a/s - lively
antipático/a/s - unfriendly
apático/a/s - apathetic
arrogante/s - arrogant
artístico/a/s - artistic
astuto/a/s - astute
audaz, audaces - adventurous
avaricioso/a/s - greedy
beligerante/s - belligerent
brillante/s - bright
caprichoso/a/s - capricious
carente de expresión - expressionless
cariñoso/a/s, afectuoso/a/s - loving
cauto/a/s - cautious
chalado/a/s - bonkers
chismoso/a/s - gossipy
chulesco/a/s - cocky
cínico/a/s - cynical
cómico/a/s - humorous
compasivo/a/s - sympathetic
competente/s - competent
competitivo/a/s - competitive
confiado/a/s - trustful

cortés/es - polite
crédulo/a/s - gullible
creído/a/s - big-headed
criticón, criticona, criticones/as - critical
cruel/es - cruel
cuidadoso/a/s - careful
culto/a/s - educated
de buen corazón - big-hearted
de buen corazón - kind-hearted
decidido/a/s - determined
derrochador/es, derrochadora/s - extravagant
descarado/a/s - cheeky
desconfiado/a/s - distrustful
descuidado/a/s - careless
desordenado/a/s - untidy
despistado/a/s - absentminded
diplomático/a/s - diplomatic
discreto/a/s - discreet
divertido/a/s - amusing
egoísta/s - selfish
elocuente/s - eloquent
encantador/a/es - charming
engreído/a/s - conceited
entrometido/a/s - nosy
envidioso/a/s - jealous
estirado/a/s - snooty
estrafalario/a/s - bizarre
exasperante/s - annoying
excéntrico/a/s - eccentric
exitoso/a/s - successful
falso/a/s - false, deceitful
fanfarrón/es - boastful
fantástico/a/s - fantastic
fiel/es - faithful
generoso/a/s - generous
gracioso/a/s - funny
grosero/a/s - rude
gruñón/a, gruñones/as - grumpy
hablador/es, habladora/s - talkative
hipócrita/s - hypocritical
histérico/a/s - hysterical
hortera/s - tacky
imaginativo/a/s - imaginative
imprevisible/s - erratic
imprudente/s - foolhardy
increíble/s - amazing
indeciso/a/s - indecisive
indiscreto/a/s - indiscreet
inexpresivo/a/s - poker-faced
infantil/es - childish
ingenioso/a/s - witty
injusto/a/s - unfair
inmaduro/a/s - immature
insociable/s - unsociable
interesante/s - interesting
intolerante/s - bigoted
irresistible/s - irresistible
irresponsable - irresponsible
jovial/es - good-humoured
justo/a/s - fair
listo/a/s - clever
loco/a/s - crazy
maduro/a/s - mature
maleducado/a/s - impolite, bad-mannered
malhumorado/a/s - bad-tempered
malvado/a/s, perverso/a/s - wicked
mandón/mandones, mandona/s - bossy
maniático/a/s - cranky
maravilloso/a/s - marvellous, wonderful
nervioso/a/s - nervous
ñoño/a/s - wimpy
olvidadizo/a/s - forgetful
optimista/s - optimistic
ordenado/a/s - tidy
orgulloso/a/s - proud
patoso/a/s - clumsy
perezoso/a/s - lazy
pesado/a/s - heavy going
popular/es - popular
presumido/a/s - vain
protector - protective
quisquilloso/a/s - fussy

racista/s - racist
raro/a/s - weird
rencoroso/a/s - resentful
responsable/s - responsible
roñoso/a/s - stingy
ruidoso/a/s - noisy
seguro/a/s de si mismo/a/s - confident
sabio/a/s - wise
sensato/a/s - sensible
sensible/s - sensitive
serio/a/s - serious
sexista/s - sexist
simpático/a/s - friendly
de trato fácil - easy-going
sin sentido del humor - humourless
sincero/a/s - sincere
sociable/s - sociable
sosegado/a/s - quiet
soso/a/s - wishy-washy
talentoso/a/s - talented, gifted
testarudo/a/s - stubborn
tímido/a/s - shy, timid
tolerante/s - tolerant
torpe/s - awkward
trabajador/a/s - hard-working
tranquilo/a/s - calm
valiente/s - brave

ASPECTO FÍSICO - PHYSICAL FEATURES		
adolescente/s - teenage alto/a/s - tall altura media - average-height atractivo/a/s - attractive bajo/a/s - short constitución media - medium-built de hombros anchos - broad-shouldered de mediana edad - middle-aged	delgado/a/s - thin desaliñado/a/s - scruffy diminuto/a/s - tiny elegante/s - smart esbelto/a/s - slim feo/a/s - ugly flacucho/a/s - skinny gordo/a/s - fat	grande/s - big guapa/s - beautiful guapo/a/s - good-looking guapo/s - handsome joven/es - young pequeño/a/s - small rechoncho/a/s - plump viejo/a/s - old
Barbillla - Chin		
doble papada - double hoyuelo - dimple	hundida - receding partida - cleft	prominente - protruding puntiaguda - pointed
Ojos - Eyes		
azules - blue claros - light grandes - big	inyectado/s en sangre - bloodshot marrones - brown	morado/s - black oscuros - dark pequeños - small verdes - green
Pelo - Hair		
alborotado - tousled arreglado, cuidado - neat	barba - beard brillante - lustrous	brillante - shiny calvo, pelón - bald

castaño - brown coleta - pigtail coleta - ponytail coletas - bunches color zanahoria - ginger con entradas - receding corto - short de color zanahoria - carotty de punta - spiky descuidado - untidy despeinado - unkempt flequillo - fringe gomina, brillantina - hair oil greñudo - shaggy gris - grey	hasta los hombros - shoulder-length lacio, liso - straight largo, crecido - long mata - mop mechón - streak moño - bun morena - brunette muy sucio - filthy negro - black ondulado - wavy oscuro - dark patillas - sideburns, sideboards peinado a lo paje - pageboy peinado hacia atrás - swept-back	pelirrojo/a - redhead peludo/a - hairy recién afeitado - clean-shaven rizado - curly rubia (fem) - blonde rubio (masc) - blond rubio - fair rubio platino - platinum-blond rubio trigueño - fair-haired secar - dry sencillo - plain suelto - loose teñido - dyed trenzas - plaits
Nariz - Nose		
aplastada - flat chata - snub-nosed ganchuda - hooknose	larga - long puntiaguda - pointed recta - straight	respingona - turned-up rota - broken torcida - crooked
Piel - Skin		
arrugas - wrinkles barba - beard bigote - moustache cicatriz - scar	grano - pimple grano - spot hoyuelos - dimples lunar - mole	pecas - freckles verruga - wart

ASPECTO - APPEARANCE

bajo/a/s - short
barato/a/s - cheap
bello/a/s - beautiful
bonito/a/s - nice
caro/a/s - expensive
delgado/a/s - thin
feo/a/s - ugly
grueso/a/s, espeso/a/s - thick
horrible/s - horrible
inofensivo/a/s - harmless
ligero/a/s - light
limpio/a/s - clean
peligroso/a/s - dangerous
pesado/a/s - heavy
sucio/a/s - dirty

TAMAÑO - SIZE

de tamaño medio - medium/average sized
enorme/s - enormous
grande/s - big, large
largo/a/s - long
pequeño/a/s - small, little
diminuto/a/s - tiny

FORMA - SHAPE

cuadrado/a/s - square
ovalado/a/s - oval
picudo/a/s - pointed
plano/a/s - flat
rectangular/es - rectangular
redondo/a/s - round
triangular/es - triangular

EDAD - AGE

antiguo/a/s - antique
de los años cincuenta - 1950s
del siglo XVII - 17th century
moderno/a/s - modern
nuevo/a/s - new
victoriano/a/s - Victorian
viejo/a/s - old

ESTAMPADO - PATTERN

con lunares - polka dot
con rayas - striped
con rayas finas - pinstripe
de cuadros - check
floreado/a/s - flowered
liso/a/s - plain

MATERIAL - MATERIAL

de acero - steel
de algodón - cotton
de aluminio - aluminium
de cobre - copper
de cristal - glass
de cuero - leather
de estaño - tin
de hierro - iron
de ladrillo - brick
de lana - wool
de latón - brass
de madera - wood(en)
de mármol - marble
de metal - metal
de nylon - nylon
de oro, dorado/a/s - gold(en)
de pana - corduroy
de papel - paper
de piedra - stone
de plástico - plastic
de plata - silver
de platino - platinum

de plomo - lead
de poliéster - polyester
de seda - silk
de tela vaquera - denim

TACTO - TOUCH

áspero/a/s - rough
blando/a/s - soft
caliente/s - hot
duro/a/s - hard
frío/a/s - cold
húmedo/a/s - wet
seco/a/s - dry
suave/s - smooth
templado/a/s - warm

SABOR - TASTE

agrio/a/s - sour
amargo/a/s - bitter
dulce/s - sweet
salado/a/s - salty

COLOR - COLOUR

amarillo - yellow
azul marino - navy
azul turquesa - turquoise
azul, azules - blue
beige - beige
blanco - white
fucsia - fuchsia
granate - maroon
gris - grey
marrón, marrones - brown
morado - purple
naranja - orange
negro - black
plateado - silver
rojo - red
rosa - pink
tostado - tan
verde - green

ORIGEN - ORIGIN

americano/a/s - American
africano/a/s - African
asiático/a/s - Asian
europeo/a/s - European